ANDREA VALERIA, mexicana de padres alemanes/rumanos, políglota y estudiante de los astros, es una de las astrólogas más renombradas del mundo hispanohablante. Ha escrito catorce libros de astrología en español e inglés, uno de los cuales se tradujo a ruso, y es una reconocida figura de la radio y la televisión. Ella dice que la astrología es la parte poética de la astronomía. Andrea divide su tiempo entre Cuernavaca, México, y Nueva York.

El sexo y las estrellas

Armoniza cósmicamente tu relación de pareja

Andrea Valeria

rayo

Una rama de HarperCollins*Publishers*

Los astros no son la causa, sino los indicios
de las acciones humanas.

Para Jane y Max, con cariño, admiración
y su encuentro con astros adecuados.

•   •   •

Diseño del libro por Emily Taff

Ilustraciones por Ann Boyajian

PRIMERA EDICIÓN RAYO, 2009

ISBN: 978-0-06-171363-7

09   10   11   12   13   DIX/RRD   10   9   8   7   6   5   4   3   2   1

contenido

agradecimientos

Quiero agradecer a todas las parejas, jóvenes, viejos, novatos, dispuestos, amantes, esposos, de todo tipo y forma, (siempre respetuosos el uno del otro) quienes hayan pensado en hacer, estén por hacer o han hecho, el amor.

Para ustedes, y para los demás, que quede claro que este es un libro de estrambótica, no de erótica.

introducción

Existen tantos dichos sobre el sexo como estrellas en el cielo. Somos aproximadamente 6.7 billones de humanos, 6 y 7 con ocho ceros. Para el año 2050, seremos aproximadamente 9.5 billones. Según las encuestas, durante cualquier día del año, unas 100 millones de parejas están haciendo el amor. Cosa buena. Aunque en porcentaje, esto significa solo un 3,3 por ciento de nosotros, y hay quienes creen que deberíamos hacerlo más seguido para subir el porcentaje. ¿Más veces o más gente? Ese detalle no lo precisan las World Population Statistics.

Demócrito de Abdera decía que "el coito no es más que un pequeño ataque de apoplejía" (vivió unos 400 años antes de Cristo), pero a la vez existen textos serios, como el de Wilhelm Reich, que nos aseguran que "el impulso sexual no es más que la memoria motriz de placeres de experiencias previas".

Ten en cuenta que hay individuos que con solo ver una cadera ondulante (de hombre o de mujer), o —en países de velos y misterios— un codo en toda su desnudez, un tobillo o un talón descubierto por un movimiento fortuito, simplemente se les prende el fuego interno, se les despierta la libido o dejan todo por seguir aquel cuerpo deseado. Hay otros que, al tomar una copa, una pastilla de éxtasis o de Viagra, sienten un movimiento de alguno de sus miembros corporales que puede incitarlos a entregarse al placer bíblico.

Todos hemos tenido sueños sensualmente placenteros, y me imagino que quien tenga este libro en mano, ya sabrá lo delicioso que puede ser despertar en brazos de un ser amado después de un deleite sexual. Pero, si buscas pornografía o entretenimiento del tipo que la televisión llama fantasías sexuales secretas, no lo encontrarás aquí.

Aquí, en *El sexo y las estrellas*, encontrarás información deliciosa sobre el suave vaivén que tu signo astrológico puede aportar en el proceso de conocerte a ti mismo, específicamente cuando de hacer el amor se trata.

Hacer el amor es algo que no nos enseñan en casa, pero tú, lector, fuiste creado por ese acto maravilloso y es algo sobre lo cual debes de instruirte. Conocer. Gozar.

A principios del siglo XX, el británico Havelock Ellis (un sexólogo, médico y reformador social) publicó siete volúmenes titulados *Studies in the Psychology of Sex (Estudios sobre la psicología del sexo)*, considerados hasta la fecha como una obra maestra y aun consultados en universidades del mundo entero. Ahí se habla del "placer del sexo" cuando es inteligentemente practicado y sin abusar. Ahí también dice que "el sexo puede ser estimulante y el liberador más fino y exaltado que tiene el ser humano".

Los signos astrológicos existen desde que el primer hombre sobre la faz de la tierra miró hacia arriba y se preguntó cómo integrarse al vasto cielo, y posteriormente se dio cuenta de que el arte astrológico no es más que una herramienta que puede contestar algunas preguntas sobre tu persona. Espero que junto a tu signo y sus características y dones (los asociados con Aries, Tauro, Géminis, Cáncer, Leo, Virgo, Libra, Escorpio, Sagitario, Capricornio, Acuario y Piscis) encuentres a veces una respuesta y, frecuentemente, alivio.

A la vez, este arte astrológico te brinda, de manera divertida, tu justa medida para crear, gozar y compartir momentos gratos cuando haces el amor. Esto te pertenece; es tuyo, porque naciste con un signo dado por el cosmos… y esta justa medida, la tuya y la de tu pareja del momento, abre puertas y regala secretos.

Hacer el amor debe ser precisamente eso: algo que se festeje entre dos personas, que se goza, que se esparce, que encanta, que da gusto, que se recuerda con un cierto suspiro o sonrisa, que agrada, que alborota, que ilustra y que funciona. Regala momentos de felicidad. Tratemos de complacernos y complacer para realmente disfrutar. El sexo puede glorificar un solo instante, pero puede compartirse durante mucho tiempo. Chispeante, jugoso, placentero, saleroso, radiante, no siempre perfecto… pero siempre presente y hablado. Debe encantar. Es algo que permite la prolongación del alma; algo que no se hace solo, y si se hace solo, que también gratifique.

Stephen Hawking (de signo Capricornio), máximo genio de la física cuántica, quien ocupa la misma cátedra de la Universidad de Cambridge en Inglaterra que ocupaba Sir Isaac Newton, confesó hace unos años que sobre la pared de su oficina colgaba un póster de Marilyn Monroe. "Ella es maravillosa", dijo el científico. "Es cosmológica. Yo quería incluir una fotografía suya en mi último libro", continuó, "como un objeto celestial". Él, confinado a una silla de ruedas, con un aparato que amplifica sus palabras, desde su tremenda y terrible enfermedad que prohíbe a su cuerpo moverse (mas no a su alma, ni a sus ganas de sentir), tiene la capacidad de convertir un símbolo sexual en una alegoría celestial.

Ahora es tu turno para formar parte de este telar de la vida y el genio de Hawking, de las ondas que dejó Demócrito y las del Dr. Ellis, en un legado místico que forma una sincronía. Y esa sincronía es la base de este libro, es la herramienta que espero brindarte a través de estas palabras para que logres encontrarte en paz y contento al hacer el amor.

Cada signo astrológico tiene doce combinaciones. El tuyo y el suyo. Ten en cuenta que todos llevamos en nuestro mundo los doce signos, aunque uno sea el que predomina.

Este libro tiene que ver con las preposiciones. ¿Te acuerdas de ellas? *A, ante, bajo, cabe, con, contra, de, desde, en, entre, hacia, hasta, por, para, según, sin, so, sobre, tras.* Las preposiciones indican la posibilidad de una relación entre dos elementos, y en el caso de este libro-manual, se usan para aprender acerca del acto sexual bajo diferentes circunstancias. Sin olvidar que una preposición es invariable, es decir, mantiene una sola forma. En este caso es la de *sentirse bien al hacer el amor;* bien en lo erótico, lo cotidiano y por supuesto lo sexual.

Las preguntas que acompañan cada signo son tan divertidas como banales, y también algo eróticas. Contestándolas, verás cómo te acomodas con tu propio signo como si estuvieras acomodándote en tu sillón preferido, sintiéndote cómodo y a gusto. Respira hondo y relájate. Deja que lo demás venga suave y dulcemente; con toda la soltura posible y sin apurarte. Los apuros son como un castigo malévolo para los habitantes de cualquier signo. Con la candidez que todos podemos lograr si la luna está en un lugar afortunado en relación con tu horóscopo personal, así te harás dueño de tu propio momento de amor y aprenderás a identificar las propias cualidades (todos las tenemos) para que el recuerdo de cada momento íntimo sea ecléctico, eléctrico, sensual y agradable.

En la astrología, cada signo del zodíaco tiene cualidades específicas… lo que algunos llaman "lo suyo". Cada signo del cielo tiene su propio idioma, con raíces tan firmes como las de los idiomas que hablamos (romances, germánicos, eslavos) y esto puede informarlos, dejar su huella y ayudarlos a combinar esta magia algo incompleta con la magia del momento entre dos seres. La suma de ambas cosas es el placer.

Espero que logres recorrer tus necesidades personales con gusto, entenderte un poco más y jugar con tu propia simbología. Llega a conocerte mejor a tí mismo y saborea al que tienes a tu lado. Combínense como si fueran una canción única, guiados por las estrellas, empleando su libre albedrío con la fuerza cósmica que cada humano tiene como compañero. Como bien decía Carl Sagan: "Somos todos polvo de estrellas".

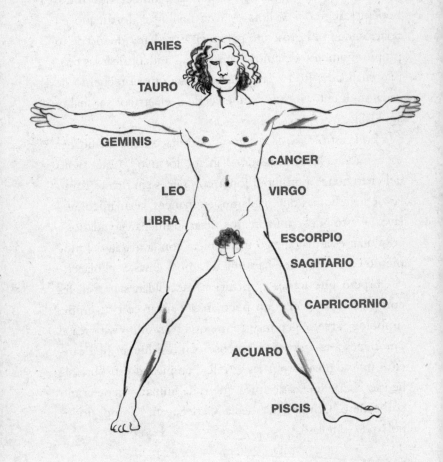

el zodíaco y el cuerpo humano

Dicen que el despertar sexual, tomado de la boca de los sabios astrólogos antiguos, libera tanta energía en sincronía con la personalidad de cada quién, que la combinación de dos signos, sean diferentes o iguales, permite un reacomodo útil y fortuito del ser.

Quienes nos dedicamos al viejo arte astrológico sabemos que cada signo tiene una parte del cuerpo un poco más dócil o más sensible y sensual. Esto varía de signo a signo. Que cada quien acaricie lo que quiera, pero observa la ilustración del hombre zodíaco y, mientras lees este libro y al estar con tu pareja, ten en mente la parte del cuerpo que rige cada signo, esto los llevará al placer máximo:

- Aries: la cabeza y la cara
- Tauro: el cuello y la garganta
- Géminis: las manos, los brazos, los hombros y el sistema nervioso
- Cáncer: los pechos y el estómago
- Leo: el corazón, la espalda y la espina dorsal

- Virgo: los intestinos, las entrañas, el páncreas y la vesícula biliar
- Libra: los riñones, baja espalda, glándulas adrenales, ovarios
- Escorpio: los genitales, el sistema urinario y los conductos reproductivos
- Sagitario: el hígado, las caderas y los muslos
- Capricornio: los huesos, las rodillas, las articulaciones, el esqueleto
- Acuario: la pantorrilla, los tobillos, la circulación
- Piscis: los pies, el sistema de inmunidad y linfático y el sistema hormonal

El **sexo** y las **estrellas**

Aries
energiza

(21 de marzo a 19 de abril)

"Erotismo y poesía: el primero es una metáfora de la sexualidad, la segunda una erotización del lenguaje".
—Octavio Paz, Aries

¿Crees que las cosas deben realizarse de inmediato?

¿Consideras que la vida y el amor son una gran aventura?

¿Tienes don de mando y entras fácilmente en acción, aunque sabes ser generoso y constructivo?

¿Tu audacia aparece repentinamente y los celos causan que actúes con imprudencia?

¿Te han dicho que tu entusiasmo primario llena tu espacio de manera espectacular?

Si contestas "sí" a más de dos de estas cinco preguntas, estás de suerte, porque eres y te identificas con el primer signo del zodíaco: Aries. Te rige el planeta Marte, símbolo esotérico sexual, y este planeta te envía 641.800.000.000.000.000.000.000 frecuencias de energía positiva (este número equivale a los kilos que pesa "tu" planeta) para que alumbres el fuego pasajero o eterno de tus ganas de querer, de demostrar cuánto amas y específicamente, de hacer el amor.

Ser Aries

Ciertos místicos han afirmado que el glifo, o la figura, de Aries que ahora conocemos, podría parecerse a una nariz con las cejas de cada lado, recordándonos simbólicamente la importancia que tiene la cabeza y el pensamiento para los individuos que nacen bajo este signo. Creadores y destructores a la vez.

Hace miles de años ya, los griegos le concedieron su propia reputación a Marte, llamándolo "Hijo de Zeus" y "Estrella de Aries". Ustedes, arianos y arianas, tienen la divertida tarea de comprobar todo lo que esto significa. Diariamente. Y no debe serles difícil, porque para amar (con pocas excepciones), Aries nace con la capacidad de gozar como el cielo manda. Si este no es tu caso, necesitas ayuda, porque está en tus "cosmogenes" esa divina capacidad.

Aries hace sentir su presencia dondequiera que esté. Su versatilidad los lleva a extremos, y es uno de los signos llamados *inspiracionales*. Los nacidos bajo este signo actúan con borbotones de energía; inconstantes a veces, extraordinarios frecuentemente, atrevidos cuando el cielo se pone de acuerdo, arrojados al amar, y listos para lanzarse a toda nueva aventura (a veces dejando por detrás a quienes no los alcanzan), pero puestos sobre la faz de la tierra para amar constantemente.

Entre Giacomo Casanova y María Félix hay 189 años de diferencia. Pero ambos nacieron bajo el signo de Aries. "Ser un *casanova*" es una frase que forma parte del lenguaje universal, y nadie puede olvidar la respuesta de la Doña, cuando le preguntaron en pantalla, "¿Cuántos hombres has tenido, María?" Y ella, sin dudar un segundo, respondió, "¿Míos o de otras mujeres?"

Aries necesita activar su intelecto, de lo contrario, se desperdicia. Tiene que aprovechar su gran vitalidad, si no, se trunca. Debe sentir que domina, porque de lo contrario se frustra y mientras más se manifiesta, menos se apaga… y apagarse es lo peor que les puede pasar. ¡Es su propio purgatorio!

Aries nos regala las auroras, la fuerza motriz y cuando afirma, tenemos que creerle. Y es más, hacer el amor con Aries es un aprendizaje maravilloso, porque aunque amarlos puede ser peligroso, ser amados por Aries es simple y sencillamente inolvidable.

Sensualidad, mente y espíritu

La sensualidad, la mente y el espíritu gozan individualmente con Aries, como si fueran tres personas, cada una con su propósito. A veces, por la mente de Aries pasa la frase "a buen entendido, pocas palabras". Aries tiene que amar una parte física de la persona que tiene en frente. Y siempre deben recordar las palabras de Erich Fromm quien en *El arte de amar* escribe lo que pudiera ser específicamente para Aries: "La satisfacción en el amor individual no puede alcanzarse sin la capacidad de amar al prójimo".

En efecto, dicen desde hace milenios, que Aries goza más que otros signos. ¿Será por lo mismo que Aries tiene fama de decirse, "si no lo hago, lo voy a soñar"? Y en general ante dicha pregunta se contesta, "Por lo tanto, mejor hacerlo". Lo que venga en gana y lo que la cabeza proponga.

Nos damos cuenta que el sexo resulta ser algo secreto, que debería ser discutido abiertamente para contrarrestar la mala información, los mitos y la ignorancia que termina en dolor, para que tanto jóvenes como mayores (hasta la tercera o cuarta edad) aprendan a gozar, a respetar su cuerpo y a pedir lo que desean.
—Debra Haffner, directora del Sex Information and Education Council de Estados Unidos

Leer las memorias de Casanova te debería dar algunas ideas, porque la mente instruye al cuerpo de Aries hacia los ritmos, las ganas y el gozo. Esto incluye las reacciones químicas hacia el amor. Te desnudas porque te lo pide el cerebro, más bien, en tu caso, te lo exige. Dichosos los Aries cuando hacen el amor, y bien harán en tener en cuenta que aunque por lo general se necesita un tiempito de recuperación después del orgasmo, tener sexo con una persona siempre será más satisfactorio que masturbarse. Esto en realidad, se puede aplicar a cualquier signo y persona; lo comprueban estudiosos de la Universidad de Paisley en el poco frígido país de Inglaterra (pregúntenle a Enrique VIII). Al tener relaciones directamente con otra persona, los niveles de la prolactina (la hormona que suelta el cuerpo después de llegar a un clímax) aumentan hasta un 400 por ciento en ambos sexos.

Ante todo para Aries, buscar excitación y un poco de exageración, aunque sea imaginada, es una excelente cosa.

Activa tu pasión

La palabra, la acción, la posición y las caricias que pueden enloquecer a Aries, tienen que ver con el verbo *activar*. Usa tu maravillosa fuerza impulsiva, espontánea y explosiva activando este atributo. Cada vez que lo hagas, estás poniendo a buen uso tu genial espíritu de adolescente, que aunque a veces te resulta algo inseguro, puede activar a la vez la pasión en tu pareja. Aries, ¿acaso no sabías que David, quien venció a Goliat, es un perfecto representante de tu signo?

Los haidas (una de las tribus más antiguas de América del Norte) dicen algo que todo Aries debe escuchar. "En el comienzo, nada era imposible y los sueños más extravagantes podían hacerse realidad". Aries es el comienzo. Por eso su verbo es activar. No por eso debes perder tu propia iniciativa.

Al rojo vivo

Rojo, el color de Aries, es el color ligado a la acción. Representa el amor, el corazón, el chakra básico que se encuentra en la base de la espina dorsal. El rojo se relaciona con el autoconocimiento. Sus ondas emanan las frecuencias más energéticas de luz, y de todos es el color que genera mayor controversia. ¿Y si al final descubrimos que la fuente de la eterna juventud es simplemente el vino tinto? Resveratrol, un componente que se encuentra en el vino tinto (*rojo* por supuesto), parece retardar el proceso de envejecimiento… además de que un vaso del elíxir de los dioses, siempre ayuda a liberar la mente y elevar el nivel de las caricias que uno pueda dar.

El libro más antiguo de medicina del mundo, *Papiro Ebers* que data de alrededor de 1550 a.C., está lleno de titulares sobre secretos medicinales escritos en color rojo. Y Marte, el planeta que rige al signo de Aries, desde la Tierra se ve rojo. Estoy segura de que esto no es mera casualidad.

El rojo es también uno de los colores más populares del mundo y por doquier significa peligro, pasión y calor. ¿Y sabían ustedes que provoca hambre? En el caso de Aries, hambre de amor.

Detalles de tu sexualidad

El hombre no es en absoluto el coronamiento de la creación…
cada ser se encuentra junto a él en el mismo grado de perfección.
—Friedrich Nietzsche

¡Prepárate! Aries puede hacer suyo al otro con un abrir y cerrar de ojos. Al hacer el amor sentirás que podrías desmayarte o volar, y —con toda tranquilidad— puedes llegar al final con el deseo de volver a comenzar…

Todo tiene su secuencia. Despiertas abriendo los ojos, te estiras y sientes tu cuerpo vibrar, en ese orden. Aries, el primer signo del zodíaco, ya tomó su lugar. Regido por Marte, el planeta que determina toda compatibilidad sexual, este te lleva de la mano para atreverte a hacer locuras al amar. Toma la iniciativa y haz gozar a tu pareja como mejor te venga en gana. El placer, para Aries, consiste en atreverse…

Amor animal a lo Aries

El ganso alguna vez fue considerado el animal que representaba a Aries, aunque en nuestra época ha quedado el valiente carnero como símbolo de este signo. Al ver los gansos volar en bandadas, vemos siempre un ganso a la cabeza, que es el que guía el vuelo de los demás, quienes a su vez vuelan formando una gran V. Estas aves, en época de celo, se convierten en gladiadores, picoteando bestialmente a quienes consideran sus enemigos. Las historias de gansos que se protegen entre sí son interminables; vuelan hasta 4.000 kilómetros al migrar y forman parejas que duran toda la vida. Verlos aparearse es algo maravilloso. Al observarlos, parece que estuvieran haciendo un baile único, usando solamente la cabeza, frotándoselas uno contra otro, como si estuvieran diciéndose, "Será rico, será delicioso", y haciendo movimientos ligeramente picantes mientras hacen un verdadero baile de amor.

No te conocí, siempre te amé (84 Charing Cross Road) es el título de una película sobre la búsqueda de alguien que amaba los libros. El título en español describe la sexualidad del Aries al centavo. Siempre hacen, proponen o inventan algo nuevo. Su vigor amoroso es tan grande, que frecuentemente ya tienen planeado lo que quisieran *hacer* antes de *conocer*. La sexualidad de Aries impresiona. ¡A veces hasta llega a autoimpresionarse! Cuando esto sucede, a gozar, es un momento excelente.

Aries se destaca no tanto por su potencia, vigor y disposición para hacer el amor, como por el gran intercambio emocional que propone y dispone. Por lo general, es tan directo como eficaz. Así, cuando tu don de mando es total, cultivado y atrevidamente usado —es decir, cuanto más te atrevas a ser quien escoge hora, lugar y fecha— nunca verás ni deberías sentir tu propia libido adormilada. Marte, el planeta que históricamente lleva en sí el arquetipo de tu signo, predomina en todo lo relacionado con el sexo del hombre, seas una mujer femenina por excelencia; un gran deportista; el conquistador de la cuadra, de la calle o de las revistas de moda; o la mujer alfa de toda historia de amor. Si eres Aries, Marte rige gran parte de las historias de amor de tu vida, y si hasta la fecha no te has manifestado como tal, confía en que puesto que todo lo que "comienza" para Aries es tu punto fuerte, tu entusiasmo nos puede encantar, tu fuerza nos embriaga y la confianza en ti mismo o en ti misma debe llenar a quienes tengan la suerte de tener relaciones contigo de un fulgor duradero.

Los estudiosos dicen que el *Homo sapiens* sueña eróticamente muchas veces cada noche, (la mujer un poco menos, pero también le sucede). Aries tiene la capacidad de multiplicar estos sueños eróticos por cualquier número. ¡Disfrútalo!

Kama Sutra: Tu posición ideal

La posición básica es donde uno puede ver las expresiones y la cara del otro, ya que la cabeza es, en lenguaje astrológico, el lugar desde donde parte Aries. Tú, como buen Aries, piensas: "Dame lo que tengas que dar para que yo entienda lo que quieres". Tu posición ideal se llama *posición abierta*. A partir de ahí, haz cualquier cosa que te sugiera tu imaginación.

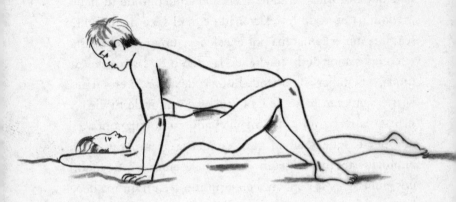

Aries, cuando pone a buen uso la gran fuerza de sus atributos, se ve vigoroso, emprendedora, innovador, valerosa y conquistador (en ambos sexos), pero, ay, cuidadito con activar tu lado negativo, porque convierte tu fuerza innovadora en debilidad, y aparece un lado violento, agresivo, temeroso, duro y orgulloso.

La alquimia biológica es la capacidad emotiva, regenerativa y programable de nuestras células. Recorre tu cuerpo y ayuda a tu vida sexual, al juntarse con Eros, maestro de tus sueños y según Platón, concebido por Poros (dios de la abundancia) y Penia, (diosa de la penuria) cuando copularon durante el cumpleaños de Afrodita. Eros es un mago que te representa mítica y astrológicamente, lo que explica que nadie como tú para sosegarnos o impulsarnos a descubrir los diferentes aspectos del amor…

Tus abrazos tienen que ser apasionados, tus besos llenos de fulgor, y nunca impidas que tus deseos primarios invadan el acto del amor en sí.

Tu astro sutra

A los Aries, conocidos como los "prendidos" del zodíaco, antes, durante y después, un poco de calma les permite gozar a plenitud su propio *sutra*. Literalmente, la palabra *sutra* significa algo que mantiene lo que debe estar unido, como cuando uno hace el amor (entre otras cosas). Regálate un momentito de tranquilidad para llegar al estado perfecto, y dile a tu pareja al oído: "Cómo me gustas". Así mantendrás la llama encendida. ¿Te acuerdas de la canción, "Tres palabras"? Haz la prueba, y verás los resultados...

Aries en pareja

Aries con Aries, ante su propio espejo
¡Fuera las máscaras!

Duplicado, Aries agita su ritmo. Alquimia pura, aunque cuidado. Es importante poner sus energías en sincronía, porque de lo contrario no se satisfacen. El juego de hoy por mí y mañana por ti debe ser constante y todo lo que puedan decirse, hablarse, tocarse debe ser buscado con cierto cuidado. Mientras más extrovertidos o extravertidas puedan ser, mejor, y no permitan ser criticados. Aries sabe bien cómo eliminar con una mirada a quien hiere, y hace bien en hacerlo. Has lo que se te ocurra y sorprende a quien tengas enfrente, debajo o encima. Pedir lo que quieres bien valdrá la pena y si puedes cargar tu propio "nectar de amor", excelente cosa.

Aries toma a Tauro

Poner lo mejor para imponer tu buen gusto

Lo más importante es que exista un deseo real, presente, que se vea y se sienta. Y esto no tiene que ser solamente deseo sexual, porque puede entrar en el juego del amor un deseo de poseer, de conseguir aun más, de rodearse de regalos y puestas en escena, lugares donde acomodarse que rebasen lo común y corriente. Necesitan algo que se pueda relacionar con gustos específicos, y un toque extra como lo que los franceses llaman ese "*je ne sais quoi*", ese algo especial inexplicable. Asegura por favor que la hora, el lugar y la comodidad sean adecuados. Y, si al último momento falla algo, inventa una buena excusa y desvanécete en la distancia. De lo bueno, poco y muy a gusto para ambos.

A la siempre genial, feminista, activista y escritora Gloria Steinem, Aries por excelencia, le preguntaron por qué no se casó, y ella contestó: "No sé aparearme bien en cautiverio". Nunca encierres a tu pareja Aries, no lo soportan.

Aries posee a Géminis

Posibilidades de logros prodigiosos

"Cuando despertó, el dinosaurio todavía estaba allí", la historia más corta del genial Tito Monterroso está escrita para ti, cuando con Géminis acoplas. Mil veces podrás repetirlo y miles de veces podrás entretenerte sintiendo a ciencia cierta que el gran amor que tienes por la vida y el amor en sí te permite gozar a gusto con Géminis. Sus cuerpos están hechos el uno para el otro, aunque a veces la cabeza no se los permite, y es allí cuando debes considerar "esta vez" como algo único. Aries, tú amas cuando quieres y si logras ponerte a tono con la versatilidad que buscas, verás que tu mente puede llevarte hasta las cimas más altas, simplemente porque estaba allí…

Aries se prende con Cáncer

Temas enardecidos

Aries cede poco. Y Cáncer es capaz de saber exactamente cómo apagar el fuego de Aries, con ser simplemente como es. De esto, dependerá mucho la posición de la Luna (factor importante para Cáncer). Aries aprenderá cosas nuevas de sí mismo o de sí misma con Cáncer, y necesitará siempre aprender a acomodarse, buscarse, y dar un poco más de lo que esperaba… como si estuviese a la búsqueda de sí…. algo que no siempre le complace. Aries, con Cáncer, busca su "yo perdido", y esto puede ser un nuevo mundo o un mundo perdido. Fácilmente logrará Aries saber hasta dónde llegar, porque cuando no está Aries a gusto con su propio erotismo, todo se hace difícil. Eso sí, si funciona, Cáncer reafirma su propia voluntad y aumenta su erotismo, mientras que Aries pegará gritos de alegría…

Aries se apasiona con Leo

Aventuras del corazón

Drama, pasión y orgullo. Aries podrá imaginarse que ha escogido a Leo, pero raro es el caso… Por lo general, Leo escoge a Aries y Aries se apasiona de tal modo y manera que siempre tendrá que darle (a la larga, a veces muuuuuuuy a la larga) las gracias por haberle abierto una puerta nueva a Leo. Aprendes a sostener la vela prendida por largo tiempo, Aries, y la inmediatez o el desenfado que suele sucederte, desaparecen aunque sea por un rato. El sosiego no es lo tuyo, Aries, y recordarlo es algo importante, pero cuando con Leo te encuentras enredado/enredada, sucede con frecuencia algo mágico, auque no siempre se repite. Si la calma invade estos amores, dale gracias a los héroes que tanto te admiran (simplemente por ser Aries).

En la astrología védica, Aries es el signo que representa el espíritu ascendiendo, como el agua de una fuente; la semilla con potencia de poblar el mundo y el poder de autodefenderse. Su reto esencial es el desarrollo firme de su propia consciencia. Al conseguirlo, consigue la dicha. Así deben culminar sus actos de amor.

Aries escoge cuidadosamente a Virgo

Un ABC del sexo

Virgo, por lo general, confía en su intuición ¡pero Aries no debe hacerlo! Por lo tanto, juntar la sagacidad del primero con el fulgor del segundo (Virgo-Aries) significa que Aries está cambiando, o por cambiar. Puede esto resultar ser un fabuloso empeño de autoconfesión, y lo que lo podrá hacer funcionar será bajo toda circunstancia el tener una gran amistad entre ambos, de ser posible, antes de irse a la cama. A Virgo no debe importarle demasiado tus conquistas, sino que buscará la confianza que tengas en ti para acomodarse

contigo. La combinación entre ustedes debe poderse platicar tanto antes como después del acto sexual. ¿No te sabes
algún texto de poesía China?

La literatura es simplemente lenguaje cargado de sentido al mayor grado posible, dijo algún poeta, y debe ser
algo parecido esta genial combinación.

Aries con Libra desea lo deseado
La libertad total

Ying y Yang. Los símbolos opuestos pueden lograr la pura
perfección. Pero tendrán que trabajar duro ambos. Interpretar esto tiene muchas formas, mas debería acomodarse sin
dificultad si es que va a resultar. El gran secreto de la felicidad para Aries tiene mucho que ver con su propia libertad,
y Libra es quien sabe tomarse la suya propia, casi siempre.
Aries amará *a su manera*, lo que cree entender de Libra y
esto tiene que ver con lo que escribe Joseph Campbell en
su libro *El héroe de las mil caras* cuando dice: "El héroe es
símbolo de esa imagen, divino, creativo y redentor que se
esconde dentro de todos nosotros, esperando ser reconocido
a fin de sernos un modelo vital". ¡Encontrar eso debajo de
las sábanas puede ser algo sublime!

Aries descubre y redescubre a Escorpio
Observa, siente y actúa

El conocido Lama T. Rimpoche dice: "Lo masculino provee
maneras hábiles; lo femenino provee sabiduría". Aries, tú
puedes traducir esto de manera sumamente personal y lograr que encaje en tu vida erótica, cuando escoges a Escor

pio para tener relaciones sexuales. No habrá quién te pare cuando desenvaines tu espada y logres abrazar al objeto de tu deseo. Es un verdadero reflejo de tu propio karma, de lo que cargas desde siglos atrás en tu ADN astrológico. Escorpio está puesto en tu camino para que goces con todo tu ser. El sexo, compartido con Escorpio, debe ser algo que te llena de entusiasmo y vigor. Y es más, tu natural tendencia —hacer lo tuyo sin esperar a tu pareja— se suaviza y te permite gozar como se debe. Entre dos. Excelentísima cosa para ti, ya que Escorpio puede ser aun más sensual que tú.

Aries y Sagitario se agitan
Abre las puertas de tu corazón

Entre Aries y Sagitario puede suceder algo como lo que suelen decir los maestros chinos. Les abro las puertas para que entren ustedes solos. Da lo mismo si Aries se abre a Sagitario, o viceversa. Aprender el uno del otro es fascinante entre ustedes, sin embargo, Aries quisiera tener los criterios tan amplios como los de Sagitario, y esto no es tan fácil como cree Aries. En este caso, Aries es quien debe estar más dispuesto o dispuesta a abrir las puertas adecuadas y buscar la manera de hablarse para entenderse: es lo mejor que puede sucederles a ambos. Aries es uno de los signos más sensuales, cierto es, pero habrá que recordar siempre que todos tenemos a este erótico signo en algún lado de nuestra propia carta astral. Si no logran complacerse sexualmente después de un tiempo, habrá que buscar ayuda, ya que entre ustedes un buen acoplamiento ayudará cada vez a mejorar la relación. ¡Hasta lo sublime, si tienen suerte!

Aries erotiza a Capricornio

Buscando arquetipos

Para Aries, nunca debe resultarle difícil encontrar de quién enamorarse. Acoplarse es otra cosa, y los nativos de este, el primer signo de zodíaco, al toparse con Capricornio tienen que cuidar de no dar la impresión de ser demasiado insistentes, rápidos o impetuosos tanto en el primer abrazo como en la cama.

Aries necesita hacer un doble esfuerzo para entender lo que Capricornio desea y en lo que le hace gozar, más aquello que verdaderamente le da gusto. El "yo" astrológico de Aries tiene impulsos que Capricornio frecuentemente no comprende. Capricornio se rige por largos plazos con interesantes necesidades materiales (aunque digan a menudo lo contrario). Aries tendrá que aprender a balancear su libido amorosa para estar "a gusto" y sentir que existe cierta protección física. Si logras "impresionar" a Capricornio con capacidades intelectuales que le diviertan, habrás ganado ya muchos puntos. Un ejemplo podría ser el enseñarle que existen 52 San Valentines, todos mártires… y nadie sabe exactamente cuál de todos es el festejado. Dile que tú tomas ese lugar, porque amas.…

Aries enloquece con Acuario

Amores fuera de lo común

En esta combinación, puede sucederles que justamente cuando creen que todo ha terminado, todo vuelve a comenzar. Esto sucede porque, con Acuario, tienes mucho que aprender, Aries, además de que necesitas dar grandes pasos y fijarte mejor en lo que eres, y en lo que realmente quieres. Acuario te pedirá que rindas cuentas y tiene como misión lograr "el despertar" de muchos de los demás signos, el tuyo en especial. Un despertar de intereses para seguir explorando, el despertar de reconocer que quieres aun más, saberte perdido sin entender tus sueños y reconocer que las dimensiones que creías conocer no tienen fronteras. Se vuelve algo muy personal esta combinación, porque Acuario puede regalarte magia y consideración a la vez. Acuario podrá (si te dejas) mostrarte cómo llegar a la cima o al borde, por el simple hecho de haberte atrevido a escoger ese signo. ¿Qué, no sabías que el verbo descubrir te pertenece, Aries?

Ninon de l'Enclos, escritora, cortesana, filósofa y gran mujer además de patrona de las artes fue descrita por el famosísimo Saint-Simon como "un ejemplo brillante del triunfo del vicio, cuando es dirigido con inteligencia y redimido con un poco de virtud". Su ascendiente Aries le permitió atreverse a tomar decisiones como fomentar la escritura del joven Moliere y dejarle dinero como herencia al hijo de su contador, luego conocido como Voltaire.

Aries seduce a Piscis
En el comienzo, nada es imposible

La bendición del fruto de todos los vientres viene de esta combinación: Aries copula con Piscis y recorre todo el zodíaco; Aries siendo el primer signo, y Piscis, el último, pareciéndose ambos al simbólico ser que representa lo que nunca se acaba porque vuelve a comenzar eternamente. Nos queda pensar por un instante que quizá Adán era Aries y

Eva Piscis… Aries activa, nos activa y da. Piscis recibe y agradece eso. El "eso" que lleva una pregunta y el que afirma. Aries —sin darse cuenta— se siente el rey cuando es servido. Con Piscis, deja algo de sí para comenzar a cambiar. Un cambio como si fuera de estación del año…. de primavera a verano… porque tendrá que madurar, reconfortar, preparar o —como hacía la famosa Ninon de l'Enclos— permitirse hacer lo que quiera la pareja en la intimidad, pero ninguna señal de afecto obvio en público. No necesitas entonces, Aries, competir con tu propio ego, perderías demasiado al olvidarte de las delicias de toda piel.

Parejas famosas

Aries es el gran seductor. Pero lo que hace que alguien tenga éxito al seducir, tiene que ver con ser un hombre dominante y alfa o una mujer que sabe dominar el arte de la seducción. Tal es así para Al Gore y María Félix. Ambos son o fueron fuertemente complacidos con su pareja. Tipper Gore para Al, y el hombre de turno para María. De lo contrario, seguramente hubieran abandonado el lecho como lo hacía Casanova, quien dijo: "Al recordar los placeres que he tenido, me regocijo en los que estoy teniendo".

Tauro
seduce

(20 de abril al 20 de mayo)

*El sexo se habla y se escucha, en voz alta o en silencio, externa
o internamente, antes, durante y después del coito.*
—George Steiner, Tauro.

¿Te gusta ponderar, antes de decidir?

¿Siempre dices lo que sientes porque prefieres sentir
lo que podrías decir?

¿Te gusta quedarte un rato en la cama después de
hacer el amor?

¿Por lo menos una vez al día alguien te dice que eres
cabeza dura u obstinada (la mayoría de las veces,
con cariño)?

¿Por lo general dices *no* como reacción inmediata
aunque después tu entrega es total?

Si has contestado "sí" a dos o más de estas preguntas, y naciste dentro del parámetro adecuado, eres Tauro, o llevas el signo fuertemente impregnado en tu ser. Tauro habla, gime, canta, recita, y cuando termina de hacer el amor, por lo general le da hambre y sed. ¡Enhorabuena!

Ser Tauro

La frase, "Conocerse y rehacerse al hacer el amor", es del gran filósofo y matemático Platón. Lo consideramos tan representativo de Tauro como el mismo Shakespeare, rey de todos los taureanos y taureanas, además de ser el máximo expositor del signo, porque encontramos en sus palabras y sus obras todos los aforismos que necesita cualquier persona de este signo para llenar su vida de buenaventura, de amores deliciosos y de toda explicación sobre cualquier tipo de sexo que su lujurioso corazón desee.

Tauro es un ser sexual, sensual y cachondo. ¡Dichosos! Y, para los nacidos bajo este signo que aun no saben que poseen todos estos atributos, sigan leyendo. Espero que después de conocerte un poco mejor, encuentres el camino del sexo divertido, sano y delicioso. El título de este libro, *El sexo y las estrellas*, bajó del cielo en brazos de Eros… en gran parte, para ustedes. Todos los nacidos bajo este signo son parientes de Afrodita y Ares, o según el mismo Platón, de Poros (cuyo nombre significa abundancia) y Penia (cuyo nombre significa pobreza), quienes se juntaron el día del cumpleaños de Afrodita. Y esto, decía el filósofo, explica los diferentes aspectos del amor para Tauro.

> Venus aparece en la Ilíada, una obra escrita en el siglo VIII a.C. Se desarrolla en el reino de los dioses del Monte Olimpo, y a veces, en la propia Tierra. Vitalidad, longevidad y resistencia al dolor son los dones de Venus, y puede cambiar su apariencia, según sus deseos. Tiene también el poder de convertir toda arma en objeto de paz... algo que debes hacerle saber a quien te acompañe al hacer el amor.

De Shakespeare, quizá una de las frases más adecuadas para Tauro (en casi toda ocasión), en especial cuando se encuentre afanosamente buscando perfección amorosa, podría ser: "Los pensamientos no son más que sueños hasta que los ponemos a prueba". Tauro puede probarlo *todo*, mejorando siempre sus suspiros de amor, sus coqueteos, su placer al hacer el amor o sus anhelos eróticos, al compás del ritmo de su propia vida, todo relacionándose a su vez con esos famosos cinco sentidos (escuchar, oler, saborear, tocar y ver... en orden alfabético) de manera muy personal.

Sensualidad, mente y espíritu

No busques tu porvenir en las estrellas.
Las estrellas de tu destino
se encuentran en tu corazón.
—Anónimo

Estas palabras fueron escritas al pie de un grabado de 1497 en el libro *Vanidad de la astrología*, y pueden ser utilizadas para aprender a cuidar tu suerte. El que las escribió, seguramente conocía los secretos de Tauro, como que un beso en cualquier parte del cuello te hará reaccionar de manera muy especial, o que cuando una voz te complace, puedes perdonarle al dueño de ese sonido el ser bizco, tuerto o idiota. Al escuchar palabras de amor en el tono adecuado, te derrumbas, y despierta en ti tu Venus interna. Como hombre y mujer, Venus te ayuda a imaginar lo que quieres, planearlo y, punto seguido, conseguirlo.

Arréglate y mejora tu imagen que, como Tauro, te gusta verte bien al mirarte en el espejo. Esto es algo que nunca debes dejar de hacer; vestida, en paños menores o mirando tu propia desnudez, sentirte y verte bien es algo importante en tu vida para el acto del amor. No te censures, y recuerda que los astros también tienen su propia divinidad y nosotros, hechos a la semejanza de Dios y formados de polvo cósmico, tenemos algo sagrado en nuestros genes. Hay que aprovecharlo.

Tauro busca placer, pero necesita seguridad. Tauro debería nacer bañado en dinero y rodeado de amores, todos suyos o suyas para toda eternidad. Pero la vida no es así. Cuando Tauro encuentra la unión espiritual, siente que vive con los dioses, y los dioses lo acompañan.

¿Qué pueden tener en común Sigmund Freud y Evita Perón? Ambos son de signo Tauro. Testarudos, indulgentes consigo mismos, y siempre a la búsqueda de lo que deseaba su propio corazón. La seguridad de "tener", tanto cosas como el cariño del objeto de su deseo, viene con el signo. Quien te diga que eres "la sal de la tierra", debe tirarte a la cama sin objetar.

La seducción ante todo

La seducción en sí es una palabra tan tuya, que hay quienes dicen que los nacidos bajo el signo de Tauro, casi de recién nacidos, saben pedir, seductivamente lo que necesitan. La seducción es un poder cuando la dominas y logras que cada uno de los 90 trillones de átomos que componen cada célula humana, seduzca a tu favor. Multiplícalo tú mismo, y goza de tu propia fuerza.

Verde que te quiero verde

La palabra *verde* proviene de una palabra antigua que significa *crecer*. En la cultura islámica, veneran ese color porque el paraíso, dicen, está lleno de plantas verdes. Su asociación con la regeneración, la fertilidad, el renacimiento y el dinero es conocida en casi todas las civilizaciones modernas. "Verde de envidia" es en sí peyorativo, pero dada la gran fuerza que tiene todo Tauro para querer poseer lo que desea, le va bien la frase y el color. No olviden que Shakespeare, mentor absoluto de Tauro, fue quién nombró al "*monstruo de los ojos verdes*" en *Otelo* y *El mercader de Venecia* al hablar de los celos. El color verde con sus atributos de fertilidad, renacimiento y vida, te persigue, Tauro. Especialmente cuando amas y te entregas con la pasión que Venus y Eros saben compartir contigo.

Detalles de tu sexualidad

Disuélveme en éxtasis.
—Milton

Tauro goza en la cama y pide más, cada vez que pueda. Más besos. Más caricias. Más orgasmos. La voz, el cuello y la garganta son lugares que a Tauro le sugieren un llamado a la pasión. Y Tauro acude a ese llamado como si sus palabras o las palabras que le murmuran fueran afrodisíacas. Estimulan su centro de placer y prenden la mecha para seguir hasta donde siempre ha soñado una unión apasionada, casi sagrada.

No es mera casualidad, el hecho de que la primera película pornográficamente interesante se llamó *Deep Throat* (*Garganta profunda*), cuyo tema despertó interés de intelectuales como Erica Jong y Norman Mailer, entre otros. La llamaban la primera revolución sexual, fenomenal. Esta película se hizo con $25 mil, y recaudó más de $600 millones, convirtiéndose en una sensación cultural. El meollo de la historia es totalmente Tauro, "una mujer cuyo clítoris se encontraba en el fondo de su garganta". Si yo fuera Tauro, tendría una copia a mano.

Tauro, a menudo, puede desear que el sexo fuera un acto tripartito. No de tres, pero si desde tres puntos de vista:

1. La dicha total, mientras dura el acto.
2. Tranquilidad y sosiego, después del acto.

3. Un poco de melancolía, para rematar al final. Aquí, Tauro reafirma el famoso dicho antiquísimo: *Post coitum omne animal triste est* (después del sexo, todo animal siente tristeza).

Tauro debe afirmar lo que quiera, cuando quiera. Así se relaja y se autoafirma, algo que le hace muchísimo bien. Nos haríamos un gran favor todos los que no somos de signo Tauro si buscáramos dónde se encuentra Tauro en nuestra configuración astrológica para sacarle el debido jugo.

No te preocupes, Tauro, si no te viene como anillo al dedo la frase en latín, no debe asediarte demasiado, aunque un delicioso desorden después de entregarte al amor, en su quehacer o en su pensar, es totalmente saludable. Porque para ti, Venus es tu talismán de amor. Venus es quien en las historias de amor baña de olores al ser amado para que le parezca "la persona totalmente adecuada", y Venus es quién te cuida cuando cruzas los dedos y pides que "por favor, me haga caso…". Venus, que compartes con Libra, es una diosa que genera desde la borrachera placentera que se siente al hacer el amor hasta el momento enloquecedor cuando gritas "sí, sí, sigue" y hasta el olor que queda en el cuerpo de ambos.

Venus se ve en la madrugada (en el Hemisferio Norte) justo antes del amanecer en enero. En mayo, desaparece y reaparece en el cielo nocturno a mediados de julio para seguir viéndote por el resto del año. Tu diálogo con ese planeta, Tauro, es de suma importancia.

En el mundo clásico de antaño, el amor apasionado era llamado por los griegos *theia mania*, una especie de locura regalada por los dioses. Eros apareció en el mundo conocido por los occidentales en la voz de Hesíodo, y existe para estimular la procreación. Eros y el Deseo lo acompañaban siempre, y sabía regalar lo necesario para ser considerado un buen amante. Flores al ser amado, por ejemplo.

> *"Tu garganta es como el mejor de los vinos*
> *(guttur tuum sicut vinum optimum)".*
> —*Cantar de los cantares*, versículo 28,
> libro del Antiguo Testamento

Y después de hacer el amor, tierno, gastando deseo y pasión, conquistado ya el erotismo y la atracción, lo que Tauro pide es chocolate. Este ha sido apreciado desde los aztecas, quienes lo bebían antes de entrar a su harén, pasando por la conocida pasión por su sabor que tenía la reina Isabel, hasta nuestra época. ¿Por qué no ayudarse con la propiedad del "sabroso elíxir del amor"? El chocolate incrementa la serotonina (lo cual químicamente reduce la ansiedad), así que no lo reserven solo para el después, ya que para antes de hacer el amor puede brindarles un *boom* de pasión. Se dice que mujeres que consumen chocolate, gozan más el amor. ¡Qué mejor para alguien que goza a la vez con sus cinco sentidos perfeccionados como Tauro!

Amor animal a lo Tauro

El cocodrilo no es un animal que lleve el signo de Tauro sobre el lomo, pero las increíbles caricias que la hembra le hace al macho en el cuello para despertar su interés es algo que para Tauro es sensacional. Con estas caricias, la hembra logra apaciguar la agresividad del escogido mientras él se hace el desinteresado. Pero ella persiste hasta que el macho se da por vencido, mostrándolo al hacerle las caricias propicias de un macho que lleva más de 65 millones de años sin cambios físicos en nuestro planeta, con la tenacidad de cualquier Tauro y la sabiduría de quien ha durado tanto. El otrora conocido como *krokodilopolis*, tiene a la vez el cerebro y el corazón más desarrollados de todos los reptiles. La hembra continúa acariciándolo con su hocico, y el cuello del cocodrilo macho estimula todo su cuerpo. Hasta que él la monta, ella continúa con sus debidas caricias. Sus sonidos al hacer el acto del amor son extrañamente suaves para un animal tan agresivo, y el acto de copulación en sí resulta muy elaborado. Algunos neurosicólogos dicen que no tenemos solamente un cerebro, sino que tenemos como especie, tres. Uno humano, construido sobre otro de mamífero y ese, a la vez, estructurado sobre el tercero que es reptiliano. ¿Será que al recostarnos en el sofá del psiquiatra nos acompañan un caballo y un cocodrillo, mientras pensamos en el objeto de nuestro amor?

Kama Sutra: Tu posición ideal

Sea la primera, la décima o la milésima vez que haces el amor, la posición de la mujer de Indra es considerada como la más pura y anudada a la unión espiritual. Es una bendi-

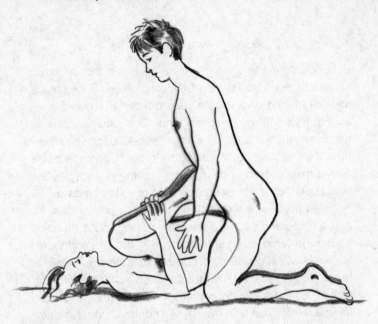

ción entenderlo, hacerlo, sentirlo y usar el tiempo, los ciclos y las tendencias adecuadas para que quién te acompañe, crea, sienta y esté convencido o convencida que tienes poderes casi *supraorbitales*.

Se estima que cada uno de nosotros tenemos en nuestro cerebro más o menos una cantidad de células comparable a la cantidad de segundos que han pasado desde que el cosmos comenzó a tomar la forma que conocemos; eso ayuda a que cada quien sea su propia persona, y que Tauro pueda "olerte" mejor, "verte" con mayor escrúpulo, tocarte en donde debe y saborear tus besos con el mismo gusto que el lobo de la Caperucita Roja y escuchar tu voz entrelazarse con la suya… Quién sino Tauro para embellecer los cinco sentidos. Pero recuerden, todos tenemos a este sensual signo en nuestra propia carta astral.

El hombre rasca la comezón de la mujer
Cuando hacen el amor;
Y cuando eso está embellecido con erotismo,
Se llama placer sensual
—Kama Sutra

No hay lugar suficiente en todo este libro para poner *seducir* como tu verbo, tu adjetivo, tu aforismo, tu modo de vida. "Se puede seducir a quien quieras sin quitarte la ropa, sin tocar siquiera", dicen todos los que verdaderamente logran su cometido. Y hay quienes nos aseguran que seducir es aun mejor que el acto sexual en sí. La duración del acto, según las últimas estadísticas, es entre tres y trece minutos. Eso no cuenta lo de antes, que puede durar años, o lo de después, que puede durar lo que quieras.

Para Tauro, poco importa el hecho de que un hombre común eyacula unas 7.200 veces en su vida... lo que importa es a quien sedujo al hacerlo.

Tu astro sutra

Kundalini es una energía corporal que, con imaginación mágica, es representada como la serpiente dormida en la base de la espina dorsal. Si la despiertas, llegas a iluminarte (a través de tus centros energéticos) para sentir dicha total y deleite sin medida. Y tú, dueño o dueña de los cinco sentidos, podrías elevar cualquier encuentro de amor hasta el sueño imposible, sintiéndolo.

Tauro en pareja

Tauro selecciona a Aries y, al seleccionarlo, lo toma

Exuberancia y pasión

¡Suertudos! ¡Suertudas! Aries te da una fuerza que te permite ser todo lo honesto y franco que quieras o debas ser. Y, para rematar con broche de oro, de cierta manera debes poder encontrar en ti, en el lugar donde está Venus en tu carta astral, una fuerza viva para lograr lo que quieras, siempre y cuando te atrevas a pedirlo. Porque con Aries puede ser tan fuerte el encuentro, que se te olvida...

Tauro con Tauro, ante su propio espejo

Aprovechar la propia imaginación erótica

Estando juntos, las palabras *sorpresa, sorpresiva* y *sorprendente* deben aparecer con frecuencia durante el resto de SUS vidas, puesto que son dos Tauro. Venus los ayudará, y tú, quien esto pregunta, quien está leyendo estas palabras, tendrás que entender que alguno de los dos tiene que ceder más de lo planeado para que esto funcione. ¿Que el sexo los tomó por sorpresa? Ojalá, porque así, a la larga, se autocomprenderán más y mejor. Después vendrán los *Ahhhs*. Y yo les aconsejaría que si inmediatamente después vienen los *Ufffs*, emitan gemidos y sonidos agradables (como los cocodrilos), los apapachos y las novedades que alimentan el alma, y todo volverá a comenzar. Claro, podría haber algo mejor si no quedan satisfechos, pero eso se puede fácilmente encontrar entre los dos. Nadie como ustedes para encontrar lo que pide su corazón.

Maestra de la seducción, talentosa persona con logros innumerables (un Emmy, tres Golden Globes, un Academy Award y más), la diva Cher es un excelente prototipo de Tauro en acción. A sus años, aun hace y conquista lo que quiere.

Tauro posee a Géminis

¡Con entusiasmo!

Si Tauro se encuentra en un lecho de amor con alguien de signo Géminis, y ve que no le divierte, ni le acomoda, ni está "a gusto", es por equivocación del mismo o la misma Tauro, y no tendrá derecho de quejarse… se lo estamos previniendo. Pero esto no significa que no pueden buscar entre ambos una versión propia de *Don Juan Tenorio* y que, en sus palabras, ideas o hechos, no aprenda rápidamente Tauro lo que Géminis tiene para mostrarte que en la cama todo puede ser resuelto con un poco de ganas. Es posible que Tauro ande buscando algo que cree merecer, olvidándose de que entre Venus (planeta que rige a Tauro) y Mercurio (planeta que rige a Géminis) puede haber un corto circuito que llegue a prender una mecha impresionante. Tendrás que exigir, Tauro, aunque creas que eso puede echar a perder las cosas de antemano.

Curiosamente, he encontrado que los signos contiguos, (es decir, Aries con Tauro, Tauro con Géminis, Géminis con Cáncer, Cáncer con Leo, Leo con Virgo, Virgo con Libra, Libra con Escorpio, Escorpio con Sagitario, Sagitario con Capricornio, Capricornio con Acuario y Acuario con Piscis) pueden tener ciertas dificultades en definir posiciones... y siempre uno de ellos tendrá que dar más de sí de lo que normalmente quisiera.

Tauro se inflama con Cáncer

Circunstancias que comprometen

La atracción es grande, el momento puede ser poco duradero, el tiempo, los modos y las maneras son dueños del encuentro, y Tauro tendrá que cuidarse de las mareas lunáticas que Cáncer llega a mostrarle. Estudien (ambos) el *Decamarón* de Boccaccio y posteriormente sorprendan a la pareja con las tres "p": *palabras, persistencia y posiciones*. Ten en cuenta, Tauro, que cuando alguien te interese lo suficiente como para irte a la cama con él o ella, *procura* (la cuarta "p") regresar a sus lugares favoritos. Quedarse en lo ya conocido puede serles más emocionante que las simples novedades que Cáncer no sabe apreciar como otros signos. Lo rutinario, entre ustedes, tiene la capacidad de despertar un tipo de pasión que pocos conocen, y te darás cuenta de que tanto Cáncer (cuyos pechos son divinamente sensibles) como Tauro, quien sabe qué hacer con su voz, podrían encontrar un toque especial de buen gusto, difícil de mejorar.

El *Decamerón* es una colección de unas cien historias escritas por el italiano Giovanni Boccaccio alrededor del año 1350. Fueron escritas en aproximadamente tres años y la mayoría de ellas son sobre el amor, y son muy descriptivas y eróticas. Un protagonista le cuenta una historia a otro y así, durante dos semanas, vemos la introducción, la historia en sí y la conclusión de cada quien, ejemplificando el poder de la voluntad humana y sus consecuencias, un poco como nuestras telenovelas modernas. Por cierto, también existen varias versiones en cine de esta gran obra.

Tauro se apasiona con Leo

Articular los deseos

Deben salir chispas antes de comenzar... no deben haber recovecos en el andar... alguno de los dos tiene que escuchar el canto de pajaritos, sentir que "se les movió el tapete", o que las estrellas cayeron sobre tu apasionada persona (Tauro) y que verdaderamente no puedes explicar lo que pasó, por lo menos por un tiempito. De no ser así, no es la persona adecuada para ti y puedes llegar a demandar ante abogado o notario público lo que crees que mereces.

Debe ser un momento para recordar por el resto de tu vida, porque si no, Leo no puso todo lo que tiene para festejarte (así debe ser). "Tú, solo tú" es una canción mexicana que debes seguir cantando hasta el final con la persona adecuada, que te sepa hacer vibrar y a quien tú te atrevas a susurrarle en el oído lo justo para que sepa, Leo, que nadie vale más que tú. Porque eres Tauro.

Tauro escoge a Virgo

Un mundo sin sexo no es confiable

Estar con Virgo, para Tauro, es ayudarse a buscar comunicación tanto consigo mismo como con su propia vida sexual, porque siempre aprenderás algo, Tauro. Tu signo debe estar siempre a la búsqueda de lo que facilita la comunicación (de todo tipo) y bien estarás si reconquistas tu lugar en el mundo que te rodea y con la persona de signo Virgo. No debe serte difícil, porque si tu pareja ideal no es de signo Virgo, busca alguien del signo para platicar de vez en cuando. O, en su defecto, busca al planeta Venus en el cielo nocturno y pídele consejos. Sabe contestar. Y cuando está presente, brilla más que cualquier otro planeta o estrella. Tu relación con Venus es algo físico. Llama a este planeta por su nombre (Venus) o alguno de sus otros nombres (Afrodita, Desperugo, Ericina, Hesperia, Melainia, todos estos mágicos nombres son antiguos). Has de saber que Venus mira desde el cielo nocturno a quien la admira, pues es tan presumida como debes de serlo tú, y sabe regalar encantos que pocos conocen. Se hace así tu cómplice y te bendice.

Tauro opta por Libra

Toma lo que desea

Combinación divina, a ratos. Ambos llevan a la divina Venus como firme regente de su signo. Y Venus es la llave para suavizar la firme tozudez de Tauro. Este es el gran secreto que pocos saben, pero cuando lo conocen, pueden hacer que la relación entre estos dos signos, bastante diferentes, se unan con sumo respeto. Tauro sabe gozar como pocos, y Libra

sabe hacer gozar. Es un hecho simple pero poco conocido:
Venus tiene dos vidas, o dos fuerzas, la nocturna y la diurna.
Bajo tus encantos (dije bien *tus* encantos, Tauro) la Venus
nocturna puede restringirte, mientras que la Venus diurna
suele defenderte y te permite ciertas libertades que a otros
no permitirá. No desperdicies las oportunidades (Tauro) de
hacer lo que, en el amor, tengas ganas de hacer. Siempre.
Pero con Libra, con más razón, a cualquier hora del día.

El feto masculino es capaz de tener erecciones durante el
último trimestre del embarazo. Para contrarrestar en estí-
mulos sexuales, hacer el amor puede aumentar la belleza
de la mujer, pues produce estrógeno hormonal que hace
brillar el pelo y suaviza la piel.

Tauro prefiere a Escorpio

Todo menos un cliché

Si Tauro decide tomarse toda la libertad que su cuerpo le
permite con Escorpio, su ánima, su psique y su *yo* secreto
tienen un largo camino que andar. Un cliché, por cierto, es
una metáfora usada con demasía o una expresión muy repe-
tida. Seguramente, te has de imaginar que tomas las decisiones por tu propia cuenta, sin saber que tu corazón es quien
manda, Tauro. El corazón, a su vez, se rige en gran medida
por la posición de la Luna de cada quien. Por lo tanto, a veces luchas con sentimientos que pueden estar confundién-
dote, y que tú misma o tú mismo no comprendes. Y, sin
embargo, esta combinación Tauro-Escorpio es una de las
más interesantes en el rubro del sexo y las estrellas. Tanto es
así, que la continuación de este libro, manual, discurso sexual

y pequeña guía sentimental, deberías de escribirla tú: lector y personaje especial que optó por tener una experiencia sexual con alguien que debería haberte dejado nadar dentro de un baño de puro sexo placentero.

Tauro agita a Sagitario
Proyectos novedosos que suben de tono

Importantísimo es el hecho de regalarse algo delicioso, tomarse algo divino, buscar la comodidad ante todo y lanzarse en clavado hacia la perfección (aunque digan que la perfección no existe). Importantísimo también es tener a la mano un ejemplar del *Diccionario de la sexualidad sagrada*, y no privarse de nada. Sagitario necesita gozar, y si Tauro encuentra algo mejor que este diccionario, sería excelente, pero de todos modos no debe dejar de consultarlo. Sagitario deja en el alma de los demás un gran gusto por la vida y, combinado con Tauro, parecerá que todo se está reestrenando. La supervivencia amorosa debe recargarse en el gusto. El aprendizaje debe perdurar. ¡Felicidades!

Tauro erotiza a Capricornio
¿Será porque ambos tienen cuernos?

Cuando Tauro comparte amores con Capricornio, hay que fijarse en lo que dicen los demás. Recordar y tomarlo en cuenta, aunque no cuente. Esto es porque la combinación me recuerda mucho a la famosa frase que dice: "Dios nunca da más de lo que puedas aguantar". Entre Tauro y Capricornio, cuaja a más no poder. Ambos son totalmente sinceros el uno con el otro, y al diablo con los demás o el qué dirán. A veces, entre ellos, a Tauro le parecería que le sucede más de lo que debe aguantar. La gran recompensa será encontrar en su pareja, alguien que puede dar alegría y sustancia. Para Tauro, la sustancia (que puede definitivamente ser también en lo económico, algo muy importante para Tauro) puede también ser gusto y buen trato entre las sábanas… y que sean sábanas finas. No cejes, Tauro. Lo tuyo no es capricho, aunque Capricornio pueda pensar lo contrario.

Tauro enloquece a Acuario
El lenguaje del instinto

El instinto de cualquier organismo es una disposición hacia un modo específico de comportamiento. Esto aparece con la rapidez de unos nanosegundos, para bien o para mal, entre Tauro y Acuario, a causa de los contrastes. Tauro a menudo cree que puede hacer lo que quiera, cuando quiera, sin que se lo impidan. Y Acuario piensa lo mismo. Así que sacan chispas juntos, a veces alumbrando algo y a veces encontrando lo opuesto. Para Tauro, es indispensable en esta combinación arreglarse de acuerdo a la sexualidad de la pareja Acuario; sorprendiendo, encantando, perfumándose y cuidándose más de lo que normalmente haría. Como si la noche fuera una entrada a otro día, no el final del mismo. Si despiertas, Tauro, sintiéndote con mayor fuerza para afrontar lo que venga, excelente. Has mejorado y lograrás más de lo que imaginas.

"El humano ignora sus desdichas y sus intereses cuando están compitiendo con sus placeres".
—Dicho francés

Tauro seduce a Piscis
Reconocimiento del mundo erótico

Tauro y Piscis no es lo mismo que Piscis y Tauro (veáse la página 254) específicamente porque, como dijo Yogi Berra, un Tauro y famosísimo *manager* de béisbol: "Esto es como un *deja vu* tras otro". No terminan, vuelven a comenzar, y parece que todo fue un sueño, hasta que lo viven de nuevo. El maravilloso libro del cineasta y escritor Jean Paul Carriere, *La premiere fois* se debería leer en voz alta, entre ambos, para recordar en conjunto que cada quién tiene derecho a su "primera vez" para perdonarse al imaginar que cada uno "se escogió", cuando en realidad debe haber sido su encuentro, algo parecido a la canción "Bendita tu luz":

Bendito el lugar, y el motivo de estar ahí,
Bendita la coincidencia,
Bendito el reloj, que nos puso puntual ahí,
Bendita sea tu presencia.

Cuando *hagas* el amor o algo parecido, no te sorprendas con tus propias emociones, permítete sentirte dueño o dueña de tu propia vulnerabilidad; aunque seas Tauro, la tienes. No olvides que tienes otras cosas tan excelentes y positivas, que esa misma vulnerabilidad te ayuda a soñar.

Parejas famosas

David (Tauro) y Victoria (Aries) Beckham portan la palabra *sexo* en la mirada. Ambos. Aun sin tenerlo todo… cosas, dinero, fama y pleitos… lo portan. Lo usan. Lo zarandean, y seguramente se zarandean… Su cama debe tener más historias que la Biblioteca Británica. Duras. Divertidas. Amorosas. Él, quien tuvo más *hits* en Google hace unos años y ganó más dinero que nadie en el mundo del fútbol, y ella, guapa, con carácter y talento, no pueden más que hacernos pensar que entre sus sábanas han de cumplirse muchos gustos. Como debe ser.

Y para balancear recuerden a Coretta Scott King, del signo Tauro. Se casó con un hombre que fue el más joven receptor del Premio Nobel de la Paz, algo que hoy día pudiera ser aun más importante que en aquel entonces. Martin Luther King, de signo Capricornio, es uno de los norteamericanos más conocidos del mundo, y lo que ella sufrió por amarlo "bien vale una misa", como decían las abuelas. "La libertad es una cosa. La tienes toda, o no eres libre", es una de sus frases más célebres, y encaja perfectamente en el mundo del amor, algo que ambos supieron darse, a pesar de todo.

Géminis

comunica

(21 de mayo a 21 de junio)

"Todos los grandes amantes hablan claro, pero la seducción verbal es el camino más certero al hecho".
—Marya Mannes

¿Eres capaz de pensar en otra persona cuando besas o haces el amor con alguien?

¿Tienes la absoluta convicción de que todo problema tiene arreglo?

¿Tienes el don de convencer a quien tengas enfrente de que puedes ofrecer una inmensa capacidad para dar placer?

¿Te convencen más los "fines" que los resultados?

¿Usas el "sí" con mayor frecuencia que el "no"?

Comenzamos bien si has contestado que "sí" a tres de estas preguntas, pues querrá decir que te acomodas en tu propio signo… Géminis, por supuesto. Si has contestado solamente a dos, significa que aún tienes mucho que aprender sobre ti mismo o de ti misma o del Géminis que amas.

Ser Géminis

Cada acto de amor —para Géminis— es una anécdota. Aunque, como dijo Ambrose Bierce en *El diccionario del diablo*, "Generalmente, una anécdota es un relato algo falseado". Las verdades y las mentirillas o verdades a medias se van construyendo según el momento o la ocasión. Y por lo tanto, tiene Géminis la gran capacidad de hacer feliz a quien comparte su amor, si es que está con ganas. Aunque "las ganas" deben incluir palabras divertidas o interesantes. Es más, la veracidad de tus historias, hechos, situaciones y relaciones no es lo más importante en tu vida. Lo importante es vivirlas, y tu éxito depende de eso. Por lo mismo, dichoso Géminis, porque tarde o temprano (más bien *casi siempre*) a Géminis se le perdona todo error. El personaje Géminis, que agarran con la mano en la masa, o *in fraganti,* se sabe salvar con pura labia. La palabra es su mejor aliado. Por lo general, te sabes convertir en el personaje que se necesita para cada ocasión. Y así, la anécdota del momento, lo que están contando o explicando, por el arte de esa magia que tienes por ser Géminis, se convierte en algo tan real, que siempre te apoya, es decir en toda ocasión, los demás te creen.

Géminis tiene el don de ser tan versátil como divertido —el prototipo de dos mentes en una; Ying y Yang al mismo tiempo— y esto hace que un Géminis frecuentemente valga por dos. Vertical y horizontalmente.

El ying yang es uno de los conceptos más importantes de la filosofía china. Tiene que ver con la coherencia entre la naturaleza y la mente, entre su interacción y el acercamiento del reino cósmico y el humano. Lo que Géminis puede aspirar a lograr... en su vida y en el amor.

Si amas a un Géminis, acéptalo. Si eres Géminis, goza la manera que usas para amarte. Si estás indeciso, aprovecha el momento. Por algo dicen *carpe diem*. Frase inventada por alguien de este signo astrológico.

Sensualidad, mente y espíritu

La unión de las palabras, "sexo" y "estrellas" hace milagros. Dejemos al curioso Géminis abrir la caja de Pandora para tratar de explicarnos el resultado (Géminis es un diccionario andante). Géminis, cuyos astros están relacionados precisamente con Pandora (por Mercurio, planeta, que rige este signo), y con la mente, puede explicarnos, mostrarnos o hacernos sentir que aún nos queda mucho por aprender. ¿Y dónde mejor que en la cama? Esperemos todos (los que no somos Géminis) que alguien de su "especie" —geminoide— nos muestre, nos divierta o nos explique algo más sobre el sexo, lo sexual y cómo practicarlo sin preguntarse tantas cosas. A cada quién lo suyo, y a Géminis le tocará ser tanto el gran preguntón como el que nos dice cómo practicar novedades. No olviden, que todos tenemos a este informado signo en nuestro horóscopo personal.

¿Cuántas veces hará el amor una persona en una vida? Dicen los que saben que varía entre ninguna y ¡ochenta mil! Pero, para llegar a este número tan impresionante, tendríamos que hacer el amor tres veces al día, todos los días, durante setenta y tres años... ¿les basta con treinta mil?

Géminis no está puesto en este mundo para hacer una sola cosa a la vez, así que acariciando todas tus metas llegarás a donde sea con tu propia voluntad. Digo "acariciando" porque las manos son muy importantes para Géminis: cuídalas siempre, por favor, mantenlas bien lavadas, pulcras, suaves y con rico olor. Lo superficial puede también ser lo tuyo, pero procura dejar contento/contenta a tu pareja.

El amarillo da suerte

Dichoso Géminis. Tu signo astral es conocido como un signo de suerte. Y la suerte puede definirse como estar protegido por Mercurio, algo que permite que cualquier cosa que te suceda encaje para bien en tu vida. Y así, el color amarillo es el tuyo, color asociado a la vez con Mercurio, que cuando se ponía su manto amarillo, se llenaba de vitalidad.

Existe la famosísima película y la canción del submarino amarillo de los afamados Beatles. Existe un Rolls-Royce (siempre todo lo mejor para Géminis) amarillo en el cine, con la consiguiente búsqueda de algún dueño de algo tan espectacular, y existe el simple hecho de que el amarillo es el color que favorece la potencia, el ego y los encuentros de todo Géminis. Los griegos de la antigüedad consideraban el color amarillo como símbolo del aire, y era el color favorito de Leonardo da Vinci. En algunas épocas, en la corte inglesa, solo con permiso del rey se podía usar este color en la ropa. El amarillo es uno de los colores más vistosos y, por lo mismo, denota cuidado. Estimula la mente y desde hace 800 años, se usaba el azafrán para colorear la comida, considerándose esto el primer paso hacia el placer máximo: comer y hacer el amor.

Cuando comiences algo, sobre todo cuando empiezas a pensar en una persona para el amor, ponte algo amarillo. Afina el intelecto y mejora la sabiduría instintiva que puede ayudarte a escoger a quienes te "convienen". Y sí, tener sexo, por el simple placer del coito, es algo que va bien con tu signo. Posiblemente, le vaya bien a todos los signos, pero el tuyo podría hacerlo con mayor desparpajo. Y bien vale la pena tener un listón amarillo en tu recámara, para recordarte que la esperanza, así como tu signo, funciona mejor cuando acompañada, en el caso del amarillo, por otro color.

Colecciona y aprende

Géminis se convierte fácilmente en pivote de la vida de quien lo quiera. La palabra "coleccionar" para ti puede significar desde las posiciones al hacer el amor hasta la cantidad de veces, de personas, de modos y de ideas para hacerlo. A veces, todo esto puede ocurrir en un solo día, a veces con una sola pareja, o durante toda tu divertida vida. Pero la diversidad es algo que debe encantarte. Conozco a alguien de signo Géminis quien al recibir el "sí" de su gran amor y planear la fecha de su boda, lo festejó con su adorada amante (otra). Lo pescaron *in fraganti* y perdió a las dos, pero luego se casó con una tercera, y (aun juntos) son muy felices.

Tienes que recordar, por favor, que es muy cierto que la astrología no existe para decirte lo que debes hacer. Presente está en nuestras vidas (la astrología) para indicarte lo que tienes capacidad de hacer, y tú le pones el toque final. Con tu libre albedrío, recopila, reúne, atesora, guarda, colecciona con misticismo y amor, porque tus relaciones te suceden al estar siempre investigando cómo saber más. Y aunque "aprender" no es el verbo que rige tu signo, sí es un verbo que lleva Géminis como suyo. Pues entonces, aprende más sobre ti y sobre la persona que te acompaña. Luego agrega, selecciona y archiva para poner todo a *mejor* uso. Géminis nace curioso y necesita serlo para desarrollar sus propias facultades.

Detalles de tu sexualidad

*La verdad es que me gusta todo, chicas masculinas, chicos
afeminados, los gorditos y los flaquitos.*
—Angelina Jolie

¡Ay, Géminis! Todo de ti… vamos a enamorarnos… qué es
esto que se llama amor… vamos a hacerlo… cualquier cosa
se puede hacer… todo se vale… vamos a portarnos mal… y
volver a empezar. Estas canciones del gran Cole Porter (Géminis) se ligan en perfecta sintonía para describir la sexualidad de Géminis. Escucha las palabras de sus canciones, como
él dice, "Anything goes"… todo se vale.

Géminis, tu fuerza aparece cuando eres extrovertido,
porque tu signo es mutable, lo que significa que si las partes
de tu cuerpo que son representadas por el *homo astrológico*
son los hombros, los brazos y las manos, esto es un regalo
cósmico que te permite imaginar, sino convencer, a tu
amado o a tu amada de que tienes cuatro manos: dos de
Cástor y dos de Pólux, los gemelos cósmicos que te repre-
sentan. El momento cumbre de hacer el amor contigo
puede ser a gritos, y todo queda plasmado para siempre en
las frecuencias sonoras tan buscadas por los astrólogos de
antaño, quienes buscaron tranquilidad en la armonía de los
planetas. ¿Inconstante, yo? Y le susurras en el oído (mientras
sigues acariciándola con las manos, por supuesto) una de las
melodías de Cole Porter, el ingenioso e inconstante poeta
de los enamorados de cualquier género.

Tomen nota: Excelente cosa para los nacidos bajo el
versátil signo de Géminis es tener alguna versión del libro

Las mil y una noches en casa. El libro apareció alrededor del año 800 de nuestra era; es una colección de historias (muchas amorosas y otras explícitamente originales) de amor que proceden de Persia y Egipto, contadas desde la antigua Bagdad (cuando estaba en pleno florecimiento) y de la península de Arábiga. Traducido primero al francés, recomendado tanto por Jorge Luis Borges como por Edgar Allan Poe, y cuyas historias han llegado a aparecer hasta en el famosísimo video "Thriller" de Michel Jackson, tan conocido por todos.

Bob Dylan, Anne Heche, Barbara Bush, Che Guevara, Clint Eastwood, Donald Trump, Fernando Pessoa (quien eloboraba horóscopos para los personajes de sus historias) Heidi Klum, John Edwards, Johnny Depp, Juliette Davis, Lionel Richie, Meryl Streep, Miles Davis, Morgan Freeman, Natalie Portman, Nicole Kidman, Paul Gauguin, Paul McCartney, la reina Victoria, Salman Rushdie, Thomas Mann, Tupac Shakur, Anna Kournikova y todo aquel que habla de quimeras al describir conceptos filosóficos, es Gémnis. Y todos los antes mencionados deben hacerlo divertido y perversamente delicioso cuando hacen el amor.

Amor animal a lo Géminis

Se cree que Alex, el perico más famoso de la historia moderna, era de signo de Géminis. No es casualidad, entonces, que el perico tenga las dos ideas que están fuertemente representadas por Géminis en su propia psiquis: comienzos y dualidades. Al escoger su pareja, el perico da unos besos tan apasionados que vistos de cerca parecen ser de lengua... y me he encontrado con personas que me juran que su perico repite los mismos sonidos que hacen los humanos cuando hacen el amor. El perico es considerado un animal en vías de extinción, y aunque los humanos creemos que a todo perico se le puede enseñar a hablar, esto, dicen los que saben, no es cierto. Lo que sí es absolutamente cierto es que el perico es un animal que definitivamente trata de comunicarse con los humanos por medio de sonidos y movimientos corporales. Y así son los Géminis, aunque Géminis ofrece, dicen, el ejemplo racional de la diferencia que existe entre el hombre y los animales: Por tener tanta actividad cerebral, los pericos refunfuñan, llaman la atención y buscan impresionar al humano. Otra cosa: muchos dueños de pericos juran que "su perico" es el verdadero patrón de la casa, así como el personaje Géminis logra frecuentemente ser el amo de la situación. Pero, contrario al humano, el perico no tiene lóbulo frontal (el humano sí lo tiene y es donde procesamos la lógica). Por lo tanto, cuando acaricias un perico, posiblemente él crea que es un movimiento sexual... y ten esto en cuenta siempre al usar tus manos. Nunca sabes qué puede estar pensando quien te ha escogido como objeto de su deseo a la hora del tacto.

Kama Sutra: Tu posición ideal

Ambos se sostienen, y aunque parezca que es un balance perfecto, se detienen con las manos y la sutileza de una entretejida unión. Dure lo que dure, el momento se detiene en el tiempo y, a la vez, ambos se enseñan hasta dónde aguantan. No importa lo que dure (y así es con Géminis... porque su huella queda), importa saber que "el otro" se

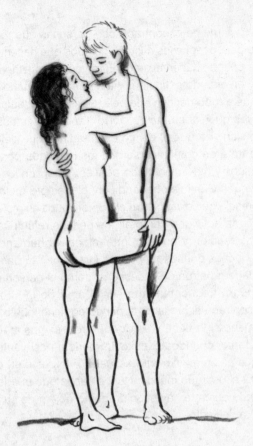

mantuvo contigo. Y así, un coito se convierte en una experiencia de aprendizaje, de gusto y de habilidades mutuas.

El aparato extiende su miembro… flotando… en el aire a unos 8.000 metros de altura. Lo extiende y encuentra, siempre en el aire y aunque separados por miles de pies, como embonarse con el agujero adecuado. Una cosa entra en otra y fluye 90.000 litros de líquido espeso que finalmente llega a su lugar. El KC 135 está reaprovisionando de combustible a otro avión. ¿Lo han visto? Sucede entre dos aviones, y es algo tan fuerte, tan sensual y tan moderno, que tiene que estar incluido bajo el signo de Géminis porque fue durante el mes de junio cuando el primer avión de este tipo le fue entregado a Castle Air Force Base, en California. Esto es solo otra muestra de que Géminis puede usar cualquier cosa para mejorar su sensualidad y complacer a su pareja.

Uno de los dones de Géminis es tener a Mercurio como regente, además de ser el primero de los tres signos cuyo elemento es el aire (los otros dos son Libra y Acuario). El símbolo de Géminis es parecido a los dos personajes del dibujo que acompaña tu signo: dos columnas que algunos ven como representación del día y la noche y otros lo consideran como significado y representación de la división de la verdadera unidad, complicada metáfora que sin embargo me parece una de las más adecuadas para ustedes. Porque son ustedes, Géminis, quienes pueden conseguir representar el *sujeto* y el *objeto* a la vez. ¿Les parece complicado? Investiguen lo que esto significa, cada quien como cree poder hacerlo.

Al enorme buscador de Internet llamado Google, llegan más de trescientos millones de "hits" al día, escrupulosamente contados. La palabra más solicitada de todos, es sexo, *sex* en inglés. *Sexus* en latin. *Sesso* en italiano. *Sexe* (sin pronunciar la última "e") y *geschlecht* en alemán. (Fantasía sexual en alemán es tan sencillo como "*sexfantasie*".)

Es decir que en 0,20 por ciento de un segundo aparecen millón y medio de sitios dedicados al asunto, o 1.500.000 direcciones cibernéticas de sexo. Unos dos años de diversión, si te tardas unos cinco segundos en cada sitio. Gasto inútil.

Desde hace miles de años Hermes, este hombre/dios mitológico, les regaló a ustedes, por ser parientes suyos, el don del pensamiento y la comunicación. Géminis tiene como misión en la vida hacernos comprender a los demás, cómo poner ambas cosas a buen uso. En la cama (en este caso), en las emociones, en las discusiones y entre seres, entes e ideas.

Hermes, dios de los negocios, el comercio y sus utilidades, así como Mercurio en la mitología romana, es el dios de los linderos y los viajeros que los cruzan, de los oradores, la dicha, los poetas, las pesas y las medidas entre otras cosas. Hermes, del griego antiguo, tiene que ver con el gallo, las sandalias aladas y el caduceo. El que le lleva los sueños a los humanos y también les enseña a mentir. Y quien trae mensajes de los dioses. Si logras convencer a quien te ame que todos estos dones los tienes en tu DNA cósmico, nadie podrá pedir más que eso y el mundo del amor será tuyo.

Tu astro sutra

Mercurio te cuida y te facilita todo movimiento corporal e intelectual. No sirve de mucho saber que los besos profundos ayudan la limpieza bucal, pero sí sirve abrirte con tu ser amado o amada, contándole lo que has ido aprendiendo por tener tantas ganas de conocerlo todo. *Un poco más* es una frase que te va como anillo al dedo. Comparte ideas, discute posiciones, divierte a tu pareja y si le dices que la palabra *sexo* es la más buscada en el Internet, estás diciendo algo totalmente verídico.

Géminis en pareja

Géminis selecciona a Aries

Pensamientos íntimos del subconsciente

Puede ser que todo suceda con tanta rapidez, que sólo tiempo después te das cuenta de lo que hubieras podido hacer o mejorar. Lo que hubieras podido dar, pedir o haber tomado. En el pequeño aprendizaje erótico o sexual que la astrología puede darte, no hay mejor combinación que la de estos dos signos. Sin embargo, esto no significa que siempre se acoplarán hasta que uno u otro pase a mejor vida. Quiere decir que se espera algo aún mejor. Entre ustedes, o como aprendizaje para lo que viene. Algo de mayor importancia. Y así ambos, Géminis y Aries, tienen siempre la gran oportunidad de convertirse en amos del asunto (de *follar*, como dicen tan divertidamente los españoles). No desperdicien el momento, ni la posibilidad de profundizar en el asunto.

Corinne Hofmann es la protagonista real del libro y la película, *La masai blanca*. Se enamoró y se casó con el guerrero Sanaburu Masai, con el cual tuvo un hijo. Géminis ella, pudo enseñarle a su hombre que hacer el amor era mejor con posiciones del *Kama Sutra* que como animalitos. Y ambos pudieron gozar juntos, gracias a la expresiva y comprensiva comunicación de su signo.

Géminis toma a Tauro

Patrones sexuales que pueden repetirse… y repetirse…

Hay quienes pregonan que aquellos que tienen signos astro-lógicos contiguos son los que mayor diferencia tienen entre sí. Y yo soy uno de ellos (digo, de los que pregonan). Hay que entender que Géminis y Tauro son tan diferentes como el cocodrilo y el perico… nada que ver. Cuidado. Pueden a la vez fascinarse a tal grado que para el resto de sus vidas, ambos, o alguno de los dos, se encontrará buscando el mismo orgasmo (que la vez pasada fue tan delicioso y per-fecto) y que se sublima hasta la frase "me fue divino". Corte. No existe la perfección, existe la idea. Aquí, entra Mercurio o Hermes, contentísimo de ser llamado, y les echará polvos mágicos para que sigan deleitándose con cantos místicos, platillos afrodisíacos y todo tipo de poción para hacer el amor. Eso sí, busquen entre ambos cómo vociferar su gusto, platicarlo y pedir lo que aún necesitan, aunque tuviera al-guno de los dos que hacer algo totalmente estrafalario para lograrlo.

Géminis con Géminis, ante su propio espejo

¿El sexo como un curioso juego?

Pensarían muchos que esto podría ser casi la perfección (el casi siempre divierte a Géminis) porque ahora multiplica-mos todo por cuatro. Pero esto sucede también en las bue-nas y en las malas. Se dice que el signo de Géminis es el modelo humano de una puerta giratoria, por lo tanto, dos personas de este mismo signo, en el mismo lugar, haciendo algo parecido, podrían tardar bastante más de lo necesario para decidirse y hacer las cosas *comme il faut*. De no encontrar ese "como se debe", pueden encontrarse en un verdadero rollo, convencidos que ya consumaron su pasión cuando en realidad, apenas uno o el otro ha comenzado. Ahora, si alguno queda bien satisfecho, excelente. Alguno saldrá ganando, aunque no se trate de apostar.

Géminis se inflama con Cáncer
Suspenso, y algo más...

Cáncer debería esforzarse y pedir menos para divertirse más, mientras que Géminis necesitará (bajo casi toda circunstancia) aprender a ser un poco más condescendiente. Es decir: olvidar algo de sus propios deseos personales para cumplir algún sueño de Cáncer, quien podría haberse imaginado bastante más de lo que recibirá. Así, al descubrir uno o el otro que el ombligo de su pareja no es el más bello del mundo, se desvanece un sueño infantil. Géminis entonces tendrá que dar de sí y entender que está presente para servir de enlace entre el sueño y la realidad. Y Cáncer deberá darse cuenta que no todo es cuento. Ambos, entonces, verán que en un solo instante, impreciso pero inalterable, habrán descubierto algo sobre su propia persona que pueden mejorar. Gran ventaja para ambos, para una segunda vez, si les quedan ganas.

Géminis se apasiona por Leo

Tendencias exhibicionistas que dan resultado

Géminis y Leo podrían (si quisieran) escribir un excelente libro sobre sexo. Y, después de recibir los merecidos premios, si es que se siguen hablando, todo seguiría viento en popa. Entre ustedes, el sexo debería definirse como un clima perfecto, para un día perfecto. Eso sí… cuidado, cuidadito. Con un pequeño resbalón de cualquiera de los dos, un mínimo error (algo banal como no ponerse la ropa adecuada o equivocarse de tono), los mimos se convierten fácilmente en ira y el desenlace o el mal sabor puede echar a perder sus ganas. Ustedes dos sí que son los reyes del universo, hasta que el universo entra en caos y se rebela. Ayyy, pero cómo se goza cuando ustedes se juntan. En otras palabras, naden entre el gozo y el pozo hasta saciarse.

Géminis escoge a Virgo

Estructuras mentales

Alguna vez alguien me dijo que tenemos que comer diariamente, beber, dormir y, con un tono ya más subido, enfatizó, hacer el amor una vez al día hace mucho bien. No vayan a pensar que es sugerencia, esto muestra simple y llanamente que ustedes dos están hechos para planear lo que quieran. Y si lo desean, la libertad para hacerlo es tan importante como el aire que respiran (y eso que respiramos unas 86.400 veces al día). No lo olviden. A ambos, les gusta enamorar. Hacer el amor diariamente tal vez resulte un poco difícil, pero si verdaderamente quisieran, podrían. ¡OJO! Podría tener un resultado algo inesperado, pero Géminis, al fin y al cabo, siempre sale bien librado. Y Virgo sabría explicarle por qué.

El zodiaco es uno de los temas más reconocidos visualmente en el mundo y en todos los tiempos. Puede ser considerado como un camino hacia doce etapas (los doce signos) de aprendizaje que terminan y vuelven a comenzar, como nuestra vida, sus andanzas y pormenores.

Géminis opta por Libra

Deshacerse del yo para sentir el nosotros

Combinación que puede suscitar relaciones poderosas. El recuerdo (por si no perdura) es algo cuyo sabor mejora toda situación (si resulta erótico, mejor). El hecho real del amor es algo que se goza y se resuelve. Géminis, el hacedor de milagros, y Libra, quien a menudo pide imposibles, se combinan y encuentran lo que necesitan. Si es por un rato, lastimita. El recuerdo estará siempre allí, y si hubiera un curso universitario, universal, para la pareja ideal, ustedes podrían ser un ejemplo subido a un pedestal. Aunque, también podrían ser como lo que vemos en las geniales telenovelas latinas, donde los amantes se dejan de ver por mucho tiempo y se vuelven a encontrar para deleitarse y repetir, animosos y gustosos, el mismo error. Si tienen en cuenta que toda ocasión vale la pena, éxito total. Espero que se den cuenta y nos cuenten.

Géminis prefiere a Escorpio

La libertad de sentir y sentirse

Si fuéramos todos iguales, la combinación entre ustedes sería la más sabrosa. Pero, no es siempre así, porque como dijo

Galileo, "¡*E pur si muove!*" (y, sin embargo, se mueve). La Tierra sí le da vueltas al Sol, quiso enfatizar frente a la terrible Inquisición. Ambos (Géminis y Escorpio) tienen la gracia de poder seguir manteniendo relaciones sexuales por el tiempo que le queda de vida al Sol. (Unos 6 billones de años aún), y que se sepa, cuando Escorpio comienza algo, no ceja hasta conseguir lo que considera ser la perfección, aunque fuese momentáneo. La combinación abre puertas de percepción con estruendo. Y, sabiendo que lo que sube baja, y lo que baja, sube, por qué y para qué seguir buscando. Usen esta recreación (la del sexo) para demostrarle al mundo que bien vale la pena y marquen el comienzo de una gran aventura. Dure lo que dure.

Géminis agita a Sagitario

El comienzo de una evolución espiritual

Combinación que hace ruido. Ustedes deciden cómo, cuándo y dónde. Estos dos signos nos dejan entrever que alguno de los dos se lleva la oreja, y la otra persona el rabo. Los pueden compartir, o cada quien puede gozar después por su lado. Mucha suerte si se dan cuenta de todo lo que tienen que ofrecerle al otro u otra… si no solo serán locuras infantiles. Intenso placer con cuidados intensos para no lastimar. Géminis es volátil y Sagitario debe reconocer, súbitamente, todo lo volátil que puede ser.

Entre el famoso Joe Dimaggio y la bellísima Marilyn Monroe, se jugaba esta combinación íntima. Ella Géminis, él Sagitario. Fugaz de parte de ella, eterno amor de parte de él, se podría decir que pocos hombres han amado tanto como este gran deportista. Cuando ella dijo a la prensa (tomada del brazo de él), "Las mujeres bien portadas nunca hacen historia", él le dio un beso.

Géminis erotiza a Capricornio

Me confío en ti

Agárrense bien porque esto puede ser como una carrera o una montaña rusa. Alguno de los dos se sacará el premio gordo y les costará trabajo repartirlo, pero poco importa si el paseo fue exitoso. Lo importante entre ustedes es que la presa sea para quien la merezca. La posición, el tiempo compartido y los suspiros, gritos o exclamaciones, son lo de menos, aunque seguramente aparecerán. "Te lo dije", podría decirle Géminis a Capricornio, porque lo que Géminis tiene, Capricornio debe aprender a dar. Mientras que lo que Capricornio desea, el apurado Géminis no tiene tiempo de resolver. Traten de encontrar caricias nuevas (sí, con música de fondo) y verán cómo, al soltarse, se encariñarán más el uno con el otro, y aunque no estén agarrados de la mano para siempre, recibirán al menos algo sustancialmente mejorado, algo explícitamente comprendido. Y para eso sí sirve la astrología, sí funciona el sexo, y debe de permitirle a Géminis comprender sus errores hasta que le quede claro lo que debe hacer para la tranquilidad de Capricornio. Aunque no sea contigo, Géminis.

Curiosamente, durante el mes de junio, pierden su virginidad más mujeres norteamericanas que durante cualquier otro mes. ¿Será por la astucia erótica de Mercurio, regente de Géminis?

Géminis enloquece por Acuario

La no permanencia permanente

El orden en el desorden; mientras Géminis vacila por quererlo todo a la vez, Acuario sabe lo que quiere al instante. Hay una gran diferencia sensorial entre ambos, pero la intuición magistral de Acuario sabrá qué hacer para mejorarlo. Revelador para Géminis (quien goza cuando se le toma por sorpresa), el penúltimo signo del zodíaco te permitirá ser todo lo inquisitivo que quieras al amar. Excelentes resultados si ambos se atreven a ser y hacer no solamente lo que les venga en gana, sino también lo que pensaban nunca permitirse probar. La confianza de Géminis y los desparpajos de Acuario hacen que hasta los astrólogos de la India de antaño digan y predigan que esta unión tiene que ser como mínimo, ecléctica. Hasta lo máximo, algo que cada quien puede describir de modo personal.

Géminis seduce a Piscis

Consideración y nobleza

Palabras quizá poco usuales cuando se habla de erotismo. Pero cuando se enredan bajo las sábanas estos dos signos, uno tiene que preocuparse por el otro. Signos dobles, atrayentes, mutables, pero de mucha calidad. Géminis, con Piscis, debe preguntar y medir sus propios orgasmos para acoplarse al del otro. Géminis es el signo que se puede renovar diariamente, si sabe conquistarse. De no darse cuenta de esto, en su muy personal y vital cuento amoroso, no sabrá cómo apartarse del monstruo de la costumbre, su peor enemigo, tanto en la casa, como en el trabajo y en la cama. Géminis, si se deja ir un poco más de lo usual, puede aprender muchísimas cosas de Piscis, y Piscis puede fijarse en las demandas de quién resultó responsable de su goce.

Parejas famosas

Lo que menos les gusta a los nacidos bajo este controvertido signo es aburrirse.

John F. Kennedy y Marilyn Monroe, dos Géminis de primera, son famosos por el andar de su vida, de sus amores y de sus aptitudes para socializar, cambiar, hablar, adaptarse y a veces amar a más de una persona a la vez. "El conformismo es el carcelero de la libertad y el enemigo del desarrollo", dijo el finado presidente. Y la actriz repetidas veces dijo que Hollywood era el lugar en donde te pagaban $50.000 por un beso y 50 centavos por tu alma. Palabras que demasiado tienen que ver con los amores de ambos (que además, también se amaron).

Cáncer
nutre

(22 de junio a 22 de julio)

*Soy una persona muy inquieta. Siempre estoy haciendo algo.
El proceso creativo nunca cesa.*

—Óscar de la Renta

¿Exageras porque tu sensibilidad siempre interfiere?

¿Nunca te alcanza el día para hacer todo lo que
quieres y sientes que a la vez diariamente pierdes
tiempo cuando podrías estar gozando?

¿Te encanta cocinar y comer bien, y puedes
entregarte de lleno tanto a la mesa como a la cama
cuando entras en confianza?

¿A veces, al estar haciendo el amor, imaginas que
estás con otra persona?

¿Confundes momentos de tu niñez con algunos
sueños del pasado?

Si has contestado que sí a más de dos de estas preguntas, suponte Cáncer. Y si te sabes Cáncer y no te conectas con algunas de las preguntas arriba mencionadas, algo en tu infancia te marcó, impidiéndote saber lo delicioso que es sentir ese gran amor reservado a todo hijo de este, el cuarto signo del zodíaco, el que se dice desde épocas caldeanas que sostiene el portón por el cual entran las almas a nuestro mundo, y necesitas ayuda. Pero, al mismo tiempo, por tu signo te llegan bendiciones de la Luna, cosa que te permitirá (si te aplicas), en algún momento de amor apasionado, encontrar el sosiego tan buscado desde pequeño o pequeña. Con una vez que te suceda, te bastará para toda la vida… es decir, a partir de haberlo sentido, habrás ganado. Haz el amor un poco más seguido para corregir ese vacío.

Ser Cáncer

*Puesto que soy canceriano, la parte cangrejo que me
rige me permite escabullirme hacia la oscuridad
mientras mi pareja corre hacia la luz.*
—Michael Williams (Cáncer)
marido de la actriz Judy Dench

Cáncer necesita saber que todo tiene arreglo, sea con medidas justas o injustas, para bien o para mal, porque Cáncer lleva en sí —tanto el hombre como la mujer, famoso o ilustre desconocido, amante o solitario ser— la semilla de su infancia en su alma. Esto los hace muy impresionables, cargados con lazos familiares irrompibles y grandes protectores tanto de los suyos como de los demás, además de sí mismos.

La primera persona (porque han sido muchas) que dijo, "Cómo crees que me voy a casar con esa persona, si ni de mi familia es", pudo haber sido de signo Cáncer.

Caja de resonancia de sí mismo o de sí misma, capaz de transformar su propia existencia para sobrevivir cualquier cosa, Cáncer, a la vez, retiene las impresiones vividas a tal grado que todo está impreso en su memoria y afecta sus sentimientos. Me acuesto contigo, hago el amor, gozo. Y a la vez, hace años, en un lugar en la isla St. Luis, viviendo un romance en París, estuve con alguien que me hizo vibrar aún más que tu pero ayyyyyyyyy, cómo te quiero. Espero que esto, por lo general, lo piensen, mas no lo digan.

Tú, por lo general, compartes la cama con la ficción y los recuerdos. Pero esto puede echar a perder una relación o perfeccionarla, lo cual te hace tan receptivo, con una sensibilidad tan desarrollada, que puedes intuitivamente saber en qué momento tu pareja va a sentir la dicha absoluta del acto del amor. Y puedes manejar tu intuición a tal grado, que te encontrarás haciendo eso mismo (el amor) con dos personas a la vez. Tu persona puede confundirse con la de tu pareja. Y, como Cáncer, sentirás ambos a la vez.

Para los antiguos caldeos, los nacidos bajo este signo eran los seres más complicadamente perfectos, y creían que por el signo de Cáncer aparecía el portal del hombre, desde donde entraban las almas de los recién nacidos a la Tierra.

Dicen que el ángel mas representativo de Cáncer es Muriel, quien ayuda a florecer, a encontrar entusiasmo en toda cosa y a buscar el calor del acercamiento entre humanos. Por lo que puedes aplicar esto al gusto por el sexo de manera verdaderamente magnífica, como la mejor de las sinfonías, hasta hacerlo sublime.

Todos los signos del zodíaco llevan el vaivén de nuestro planeta mientras se mueve por el cosmos. Y Cáncer está bendecido con el día más largo: el 22 de junio. Quizá por eso siente que todo debe durar "aún un poco más, por favor", y esto incluye el acto del amor en sí. Cáncer, así, se transforma (a veces) por algo (no en algo) que sólo tú escuchaste, comprendiste o, ¿por qué no decirlo?, imaginaste. Y a veces, durante esos instantes de intimidad suprema, por momentos subjetivos y de vez en cuando compartidos, justamente cuando creías que ahora sí, todo va muy bien, algo pasa que te saca de onda y sin poder evitarlo, cambias. A veces inclusive te conviertes en alguien irreconocible.

Esto puede ser a la vez el resultado de "los vientos de los planetas", específicamente los de la Luna, porque Cáncer es tan sensible a los cambios de nuestro satélite que existe un reloj programado en especial para los nacidos bajo este signo, y si no lo tienen, esperen siempre unas horas antes de tomar una decisión que pudiera cambiar su suerte o su vida en pequeñas o grandes dosis, pues recuerden que podrían estar a la merced de las hadas que barren el polvo cósmico haciendo estragos.

Por supuesto que estas hadas y su polvo están en todas partes, volando entre todos los signos, pero Cáncer es quien lo siente un poco más. Desde siempre. Por lo mismo, ser Cáncer puede ser una bendición y puede, en un arrebato de amor, querer morder otros labios y acabar mordiendo los suyos.

Sensualidad, mente y espíritu

Cuidar tu cuerpo, alimentarlo adecuadamente, mirarte en el espejo con gusto y encontrar ese "sexto sentido" que tienen todos los habitantes de este signo (aunque les cueste trabajo encontrarlo) son aspectos de suma importancia para dominar esa siempre presente fuerza de Cáncer, que Cáncer a la vez parece desdeñar. El amor en sí, para Cáncer, es muy tormentoso, angustiante, maravilloso, sueño y ensueño, emoción insostenible, que atraviesa diariamente todos los humores y las palabras de todos los libros jamás escritos.

Así de fácil. O de difícil. Porque Cáncer hace el amor para encontrar una respuesta. Pero nunca, más bien, jamás, te desestimes. Ni desestimes la ambición que tienes para forjar tu destino. Especialmente en asuntos de amor, lujuria, erotismo y gusto por las artes sensuales. Tu reino tiene mucho que ver con la imaginación, y la imaginación es lo que sostiene al hombre y lo distingue del animal.

Amor, demencia temporal curable mediante el matrimonio o alejando al paciente de las influencias bajo las cuales ha contraído el mal. […] A veces es fatal, aunque más frecuentemente para el médico que para el enfermo.
—Ambrose Bierce (Cáncer)

Cuando Cáncer hace el amor es, por lo general, algo muy serio. Aunque fuese una seriedad momentánea, y aunque durara poco tiempo la relación de turno, cada unión se queda impregnada en su psique, inclusive si no recuerda el nombre del abrazado o de la abrazada. Algo siempre queda, un lugar, un tiempo, un olor y luego, quién sabe si al terminar desenfadadamente pregunta: "¿Nos casamos?", porque Cáncer es profeta de su propio destino y quisiera asegurar todo sueño.

Así es Cáncer, porque es el primero de los signos *emotivos*, ya que la Luna, tan cambiante, es su guía. Y las emociones invaden hasta sus sueños nocturnos.

Cáncer nutre. Cáncer prefiere abrirse de piernas o tomarte en sus brazos, sabiendo qué pasará antes, mientras y después. Porque al nutrirse, se nutre. La Luna es toda tuya, pero tienes que saber escucharla, Cáncer. Y esto significa ponerte de acuerdo con el ritmo de los días, el compás de la temperatura (la tuya y la del ambiente) y en la cama permitirse enloquecida pasión, cuando la Luna así te lo permite.

Anímate a confiar

Confianza, obligación y deber son las palabras del diccionario que usan para traducir algo de cinco letras en inglés: esa maravillosa palabra *trust*. Eso es lo que Cáncer necesita. Porque Cáncer se da en fianza cuando siente que su sexo se prende. O cuando prende su sexo. Tus deseos primarios son tan apasionados, que a veces no te atreves a hacer lo que sueñas. Busca una pócima mágica para ser y enlazarte como debes. Déjate ir, confía y verás lo que es bueno.

Plateada como la Luna

El color de Cáncer es el mismo color de un rayo de Luna. Pero esto depende de cómo la veas, así que el color plateado será el más conveniente en esta instancia, y si pudieras comprarte una cama de este metal, *Las mil y una noches* te quedarían chicas; una noche de amor por cada miligramo del metal.

El color plateado tiene el don de ser elegante, dicen que inspira el juego (algo que a todo Cáncer le hace bien, si es en la cama) y es considerado distinguido y moderno a la vez. Es un color que ha sido usado desde hace miles de años, por todas las civilizaciones del mundo, y está relacionado además con la justicia y la pureza. Algo que poco tiene que ver con el sexo, pero mucho con la Luna y las estrellas. Y, con un toque plateado (un espejo, una botella rellena de tu aroma favorito), cualquier cosa en tu recámara inspirará a la Luna para llevarte a pasear por momentos de éxtasis.

Detalles de tu sexualidad

En un beso, sabrás todo lo que he callado.
—Pablo Neruda

Pocos son tan complicados como tú, Cáncer. Y pocos pueden tener tantos sueños eróticos, deseos reprimidos y miedos a mostrar el verdadero "yo" al hacer el amor. Por esto, cuando te desinhibes, eres uno de los seres más felices del mundo. Y si existen mundos paralelos, dentro de ellos, esto se repite. Todos tenemos sueños eróticos, un ejemplo aparece en la tribu de los senois (de las montañas selváticas de Malasia) que debe servirte de buen ejemplo. Ellos aseguran que al tener sueños sexuales, tu cuerpo te está pidiendo salidas, y estas imágenes deben ser resueltas con la acción. Se esmeran en la búsqueda para culminar en el amor, y así llevar el sueño a la realidad. Gozar con el placer de hacer el amor está en tu destino, Cáncer.

Lo que Cáncer no sabe, lo inventa. Sus inventos vienen de esa gran laguna llamada "inconsciente colectivo", que conoce muy bien. Ahí está el grado de poder que se necesita para poner las cosas en su lugar; el lugar que Cáncer escoja, aunque sea triple XXX.

Tienes que haberte dado cuenta de ello. Tu cuerpo a veces late, punza, palpita. En México, mi país, el promedio del coito por año es 96. No 96 por ciento. 96 veces. *Toi qui m'aimait, moi qui t'aimait… I, who loved you, you who loved me…* Tú que me amaste, yo que te amé. Pensarlo, recordarlo, a veces equivale a hacerlo. Y hacerlo es pensarlo, porque hacer el amor toca fibras muy profundas en Cáncer. Y su cuerpo palpitante siente en el pecho o los pechos, en los ovarios o los huevos, una añoranza que solo Cáncer comprende.

El sexo, para Cáncer, invoca a las estrellas. Porque para los nacidos bajo este signo (tanto los hombres como las mujeres), el sexo es generalmente cosa seria. La naturaleza no quebranta jamás sus leyes, dijo alguna vez Leonardo da Vinci; y hacer el amor es uno de las actos más naturales del ser humano. Esto, Cáncer lo sabe desde que nace, viene como regalo propio del signo, aunque le cuesta algo de trabajo aprender a procesarlo para gozarlo.

Josefina (la de Napoleón), Lena Horne (quien a una edad bien avanzada aún seduce) y Enrique VIII (amaba y desechaba, pero siempre se casaba), son tres de los miles de personajes conocidos de este sensual signo (aunque no lo creas). Ellos sabían lo que les podía aportar satisfacer a su máximo la pareja de turno, usando todo lo que la Luna (regente de su signo, Cáncer) les podía enseñar, porque sabían escucharla.

Amor animal a lo Cáncer

Jean-Pierre Otte no es de signo Cáncer, pero sí tiene un planeta importante en este signo: Urano. Quien tiene a Urano en Cáncer, rompe patrones y, frecuentemente, muestra opciones diferentes al mundo y a sus seres pensantes en general. Su libro (que todo Cáncer debería tener en casa) *La sexualité d'un plateau de fruits de mer (La sexualidad de un plato de mariscos)*, explica en 116 páginas, con graciosa lujuria y fina cachondez, los increíbles inventos que la naturaleza ha creado para que los animalitos de un buen plato de mariscos se reproduzcan una y otra vez.

Por ejemplo, aprendemos que las langostas y los cangrejos copulan en la posición llamada *misionero*, que los ostiones son masculinos de septiembre a mayo y femeninos el resto del año, que los erizos tienen sus orificios volteados: la boca junto al suelo y el ano hacía el cielo. Y traduzco literalmente una de sus frases para tu deleite: "Cuando se calientan las partes genitales, que hiervan las sustancias íntimas, como licores en alambiques". Sueña, Cáncer, y sigue soñando. Vienes del mar, y al mar irás para calmarte. Los pulpos con piernas puestas constantemente alrededor de sus bocas, animalitos que se rozan, para ensortijarse, estremeciéndose, almejas con antojos de sentirse a ellos mismos y camarones que siguen la luz del día, enterrándose en la arena cuando sienten extrañamente el calor del sol, y saliendo a buscar dónde dejar su segunda piel (porque solo sin ella pueden copular con el macho). Hasta las algas encuentran un dulce deambular amoroso… ¿Cómo habrá sido la primera copulación sobre nuestro planeta? ¿Traerá nuestro cerebro algún recuerdo o es todo un sueño? Gratifica los deseos de tu alma, pues, Cáncer.

Kama Sutra: Tu posición ideal

Liebesstellung. No lo vayas a decir, porque eres bien capaz, y echarías todo a perder. En alemán, suena tan feo como *lieberszucker*, azúcar sexual, o *Sex haben*. Tener sexo, hacer el sexo, rendirte al sexo, así debes pensar, Cáncer.

El símbolo tuyo podrían ser los brazos del cangrejo (por los abrazos incontenibles que das para nutrir nuestras emociones) o dos hojas de cualquier planta, que recogen la energía del sol para tener lo que necesita un ser para subsistir. Tu alma es un conjunto de experiencias elaboradas por tus necesidades corporales y amorosas. Tú nutres a quien hace el

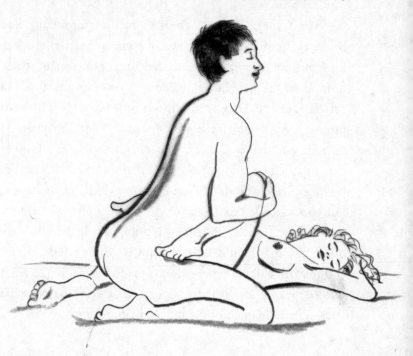

¿Sabían que un hombre normal tiene unas once erecciones al día (muchas involuntarias) y unas nueve en promedio durante la noche. Excelente cosa si aprovechan el momento, ya que está comprobado que hacer el amor desbloquea una nariz tapada y es un antiestamínico natural. También alivia los dolores de cabeza.

amor contigo, aunque no siempre lo saben aquellos que comparten tu lecho. Entonces, claro, la posición del cangrejo tiene que ser la tuya, así como el pecho, los senos y el sistema digestivo son las partes correspondientes a tu cuerpo astrológico.

Para Cáncer, hacer el amor es menos importante que hablar de lo que se hizo después, y cómo se prepara el antes. En la intimidad, una mano, un dedo, una posición arrebatadora de su propia esencia, puede ser como un puñal o una caricia angelical. De Cáncer vino la frase *mal dans sa peau* (su propia piel, metafóricamente, le causa dolor). Y quien lo salva de este mal es Cáncer. Es decir, Cáncer salva a Cáncer para estar allí cuando se necesita. En el momento adecuado.

Sigan el vaivén de la Tierra, mientras le da la vuelta a su Sol con todos los cancereanos del mundo, en algún lado y sobre algún lecho, y disfruten. Noten, para gozar aún más, que con su posición del *Kama Sutra*, la vagina puede apretar con mayor facilidad al pene de su amado, deteniéndolo hasta que la melodía de los astros los bendiga con una pequeña pausa… y sientan ambos el dulce alivio del amor.

Tu astro sutra

Aquí entra la explicación de astro sutra… *SUTRA*. En la India son las sutras los puntos mayores de todo un sistema filosófico. Una sutra puede ser un aforismo, algo mágico que llega del sánscrito, idioma madre de todos los idiomas. Sutra significa "estoy aprendiendo porque lo escuché decir". Sutra es conciencia, hilo conductor y conocimiento; todo lo que Cáncer tiene en el alma y sabe entregar cuando hace el amor amando.

Cáncer en pareja

Cáncer selecciona a Aries

Fuente de aventuras

Por alguna razón (producto de un recuerdo definido), esta relación *no se olvida*. Podrías seguir adelante con un borrón y cuenta nueva, o con la frase "la única diferencia entre amigos y amantes son unos cuatro minutos", dicho por un tal Sr. Roeben, por una no muy misteriosa razón. Eso sí, ¿la relación parece seguir adelante sin conflictos? Significa que, como un ser de signo Cáncer, ya te graduaste y eres definitivamente un doctor *honoris causa* en eso de llevar bien a cuestas tu signo. Cáncer superior, porque Aries tiene la gran capacidad de ponerte pruebas, simple y llanamente porque eres del signo que eres. Sépanlo: aunque el amor haya sido catalogado, disecado y entregado a todo tipo de laboratorios, lo que sucede exactamente dentro de la vagina de una mujer al hacer el amor aún es un misterio. Y el signo de Cáncer está íntimamente ligado con ese misterio, por ser lunático, acuoso y primario. (Con el perdón de ustedes.) Los afrodisiacos pueden ayudar, pero esperamos todos que la Luna pueda aún más, y combinada con Marte (regente de Aries) el común denominador es que (según varias universidades) las mujeres hablan más de sexo que los hombres, pero los hombres piensan mucho más en el sexo que las mujeres. ¿Divertido, no?

Cáncer toma a Tauro

La mayor felicidad es comenzar

Aligérense. "¡Me encanta el sexo. Es gratis y no se necesitan zapatos!", escribió alguien en una pared. Y posiblemente lo haya escrito alguien de signo Cáncer o Tauro, después de haber hecho el amor con alguien del otro signo. Porque entre ustedes, el gusto de los mimos, las caricias y el deseo (siempre y cuando se den en el tiempo adecuado) está presente. Deseos eróticos realizados aparecen repentinamente, aun sin pedir o hablar. Aliviar su propia soledad es parte de la mística del signo de Cáncer, y Tauro puede mostrarle a Cáncer cómo encontrar su propio ego. Si esto no sucede, es porque aun no se conocen lo suficiente, entonces, pongan manos a la obra. Y, cuando esto sí suceda, Cáncer habrá encontrado algo único. Un regalo para seguir alimentando sus deseos, porque cuando el ego sexual de Cáncer crece, se llena de dicha y lo quiere repetir. Por fin, Cáncer podrá gozar, iluminarse y regocijarse mientras hace el amor. Y Tauro, a su vez regido por el planeta Venus, tiene en su ADN astrológico el don de saber dar placer además de tener la fuerza de la afinidad. La afinidad, a su vez, se describe en el diccionario de la Real Academia Española como la "tendencia de los átomos, moléculas o grupos moleculares a combinarse con otros". Cuidado, Cáncer, si adquieres tal gusto por el amor, puede hacer que te guste demasiado, aunque bien te haría pensar como el Swami X, quien dijo: "El sexo no es la respuesta. El sexo es la pregunta. Sí, es la respuesta".

El hombre tiene corazón, aunque no siga sus dictados.
—Ernest Hemingway, escritor (Cáncer)

Cáncer posee a Géminis

Intereses recíprocos (por favor)

La historia podría ser muy fácil: "No me gustó, pero, ay, cómo gocé". Por eso, abróchense los cinturones que van a emprender un viaje de altos vuelos. Y así, como una simple línea siempre se deriva de un punto preciso, la libertad que da saberse dueño o dueña de tu propio cuerpo es algo que te ofrece esta combinación. Cáncer, recibe una bendición al liberarse, y Géminis le permite escoger con envergadura. Pero Cáncer tendrá que aprender a distinguir, separar y atreverse a elegir quién, cuándo y dónde le conviene, en lugar de permitirse simplemente zarandear o ser zarandeado. De cierta manera, si la relación de Cáncer con su cuerpo liberado sucede con Géminis, Cáncer se abre caminos nuevos. Y posteriormente podrá (o debería) planear, sin titubeo alguno, en qué momento, con quién y cómo hacer el amor. Esto le permitirá siempre tener más confianza en sí. ¡Enhorabuena!

Cáncer con Cáncer, ante su propio espejo

Siento, por lo tanto, soy

Dicen (me repito) que Cáncer es el portal por donde entran las almas a la Tierra para instalarse por un rato. A Cáncer le gusta siempre tomar posesión de los lugares. Y las historias de antaño cuentan que las almas descienden desde la Vía Láctea. Suena como cuento de hadas, maravilloso. Pero todo guarda una proporción, ¿por qué no creer que al rozarse un cuerpo con otro sucede lo mismo? La galaxia (la nuestra, la Vía Láctea, la que tardamos 250.000 años en darle la vuelta a su centro para reencontrarnos en el mismo lugar de nuevo) es nuestro propio punto de apoyo. Y así construye (Cáncer con Cáncer) un mito propio, hecho de roces y puntos clave que los sacan de quicio y de gusto. Como si cada vez la alegoría en sí los remontara al lugar y al momento donde nuestra Tierra tuvo SU primer acto sexual propio: un encuentro amoroso que la marcó para siempre, y que se repite en tu cuerpo. Una y otra vez. La unión de Cáncer y Cáncer se remonta hasta entonces, con euforia y brío. Si se logra esto, Cáncer y Cáncer jamás volverán a sentirse excluidos del gran gusto que este maravilloso acto pueda darles. Y si no lo logran esta vez, que la búsqueda sea infinita.

> *Quisiera ser un pez / para bordar de corales tu cintura /*
> *y hacer siluetas de amor / bajo la luna/*
> *¡oh! saciar esta locura / mojado en ti.*
>
> —"Burbujas de amor", Juan
> Luis Guerra, músico (Cáncer)

Cáncer puede apasionarse con Leo

El sexo como un descubrimiento personal e íntimo

Si no saben quién fue Mae West, averígüenlo. De signo Leo, ella dijo tantas cosas memorables sobre el sexo que podría tener su propio diccionario de frases célebres. Y la que debería tomar en cuenta Cáncer, es la de "*Sex is emotion in motion*" (el sexo es la emoción en movimiento).

Si tu relación con Leo, Cáncer, no te deja más que ese gusto, saliste ganando porque una buena follada, como dicen los españoles, puede desencadenar algo notable en tu vida. Y les voy a contar algo. Leo tiene fama de lograrlo todo, pero bajo la premisa de las negaciones, Leo puede ser sumamente vulnerable. Así que, si te dejas convencer fácilmente, excelente cosa, porque las estelas que Leo deja en tu camino pueden ayudarte a entender la gran capacidad instintiva que tienes para tomar lo mejor de cada ocasión. Si no fue así, y tienes entre 17 y 103 años, comienza de nuevo. No necesariamente con Leo. Y, como realmente comenzar de nuevo es imposible (por aquello del tiempo), has como si lo hicieras. Una y otra vez, aprenderás alguna novedad, aunque te sientas como si estuvieras en una montaña rusa. Y qué delicia alimentar una parte de tu propio ser que aún desconoces.

Cáncer escoge a Virgo

Experimentar una intensa alegría

Buen momento. Excelente sentir. Fabuloso encuentro. Y si ambos pueden tanto gozar como llorar juntos, aún mejor. Podrían ambos confundirse un poco por lo intenso del encuentro, pero, cuidado, Cáncer. La intensidad sí altera el producto, es decir, podrías salirte por gusto de lo que los demás llamamos "la realidad", por simple falta de conocimiento de "su" realidad. La de Virgo. Pero tú, Cáncer, eres quien escoge, porque tu propia vida erótica necesita aprender más y más, hasta saciarse y poder decir, "así quiero… así lo quiero". Trabajar el humor de uno o del otro es algo recomendable, y Virgo siempre tiene, tendrá y tiende a dejar bien marcado a los otros once signos con sus modos tajantes. Poco importa. Busca novedades y no caigas en rutinas, porque Virgo, siempre a la búsqueda de respuestas, se cansará. Cáncer, a la larga, le permite a Virgo ajustar sus propias necesidades, y a la larga (si la pasión es duradera), Cáncer ajusta a la vez las suya, esas que Cáncer pocas veces se atreve a hacer.

Cáncer opta por Libra

Ideas y cachonderías

La palabra *apapachar*, viene del lenguaje popular mexicano. También la cachondez, el cachondeo, cachondear y cachondo. Creo que entre las cosas que México aportó al mundo (como el chocolate, el maíz, los pavos, luz en las esquinas de las calles y Emiliano Zapata (entre otras cosas), un apapacho cachondo es lo mejor que le puede suceder a una pareja en vías de hacer el amor, mientras lo hace y después. Cáncer con Libra debe aprender que en el amor y en la guerra todo se vale, y debe Cáncer deshacerse de alguno de sus (¿pocos?) defectos. De lo contrario, alguno de los dos (Cáncer o Libra) podría perderse en una búsqueda de algo que no existe. Tiene Cáncer que dejar de lado su infantilismo aparente y su susceptibilidad oculta. Tiene Cáncer que mostrar que puede ser tan pasivo o pasiva como quiera su pareja o tan activo o activa como jamás soñó posible. Con un mínimo empujón metafórico de parte de Libra, ya que la pasión a veces tiene su comienzo en las primeras horas del día, cuando aún no se ha imaginado lo que la otra persona está queriendo hacer, quizá los sueños se hacen realizables.

Cáncer prefiere a Escorpio

Descubrir es descubrirse

Para Cáncer, hacer el amor con Escorpio es una gran experiencia. Y si no lo fuera, es porque Cáncer no se ha atrevido a decir, hacer, pedir, construir o deshacer algo. Y, una vez que Cáncer puede vociferar que su viaje amoroso con Escorpio fue exitoso, cualquier cosa es posible, y Cáncer sabrá cómo conquistar lo que le venga en gana. A posteriori. Todo está en que tú, Cáncer, te des a conocer suficientemente. "Hacerlo" con Escorpio te permea con suficiente fuerza para reparar toda situación considerada como "carnal" a tu favor. Dicho de otra manera, las circunstancias son efímeras en relación con todo el jugo que le puedes sacar a la vida con Escorpio, y el hecho de que estés con él o con ella equivale a haberle pedido al genio de Aladino que te cuidara y te orientara. Con Escorpio puedes a la vez entender por qué dicen que hacer el amor es el deporte más seguro (usando condón), porque estira y tonifica casi cada músculo del cuerpo humano.

Hay que dejarse guiar por el corazón, no solo por la cabeza.
—Diana, Princesa de Gales

Cáncer agita a Sagitario

Flirtear divertidamente el tiempo necesario

¡Qué relajo, y cuánto desparpajo! Palabras que podrían y deben escucharse entre ustedes. Sin embargo, el momento tiene que ser bien escogido, porque ambos andan con sus respetivos relojes en franco desacuerdo, como si tuviesen una medida de tiempo totalmente distinto. Pero si el clima es el apropiado, el lugar bien escogido, y todo parece bastante prometedor (hasta acabar), hasta puede curarte un ligero dolor de cabeza. Necesitan apaciguar las frecuencias encontradas y no confundir lo que ambos buscan. "Las cuentas claras", como decía un político del siglo pasado (de signo Cáncer, casóse con una mujer sagitariana, y eran el ejemplo de pareja para los habitantes de su estado), eso es lo que necesita esta pareja. No sé si ellos leían, acurrucados, literatura erótica, pero para Cáncer y Sagitario en un solo lecho, es lo más indicado. Vivirán lo que no sabían que podía suceder (¡y sucede!). Aprende, Cáncer, con Sagitario, el ligero "ahí se vá", tan mexicano y tan importante para ustedes para pasarla bien.

Cáncer erotiza a Capricornio

Almacenar conocimientos mutuos

No se les ocurra imaginar que por ser signos opuestos debe haber más problemas, dificultades o tropiezos en su relación. Al contrario, sabido es que, físicamente, el acto del coito puede ser una cura para las depresiones (ligeras) por liberar endorfinas al sistema sanguíneo, produciendo un sentimiento de euforia y bienestar. Capricornio podría figurar en tu vida como el yang de tu ying o viceversa (siempre es así entre signos astrológicos opuestos). Capricornio puede mostrarte cosas que te has imaginado, pero no has sabido digerir o hacer o inclusive que has tratado de hacer sin éxito. Ten en cuenta que Cáncer, cuando no tiene a quien acudir para un buen consejo, puede escuchar las palabras de Capricornio. Este signo amplía tu vocabulario y a veces, tomando en cuenta sus palabras, logras expresarte como realmente querías. A veces, hacer el amor no tiene que ser lo más importante del día, o en la escala del uno al diez, puede cambiar de importancia según la posición de la Luna —tu bilirrubina— o de una conversación que te hace cambiar de idea. La vida, con Capricornio, si te das tiempo de entenderlo y respetarlo, puede serte más amena, cosa que tú, Cáncer, necesitas. Capricornio, regido por Saturno, representante de lo estructurado, siempre parece ser el gran maestro del momento.

Cáncer agita a Acuario

A cada necesidad, su buen tiempo

Para Cáncer, haber tenido, tener o saber que se está a punto de tener relaciones sexuales con alguien de signo Acuario, es toda una hazaña. Y para Cáncer en especial es, además, un atrevimiento. Quiere decir que tú, Cáncer, este Cáncer que se interesa en ese Acuario, eres inverosímil, algo diferente: uno de esos personajes del signo que sin saber exactamente lo que quieres, consigues lo que te conviene. Esto no tiene tanto que ver con Acuario como con la influencia que Urano tiene en tu horóscopo personal y cómo se relaciona Acuario con tus propios astros. La gran diferencia que hay entre Cáncer y Acuario hace que relacionarte, Cáncer, con una persona de este signo, ya sea un gran atrevimiento. Y tiene el mismo peso que unos años de análisis psicológico. Debe Acuario felicitarte, porque con él o ella, te dejas llevar por instintos que nada tienen que ver con tu gran y placentero egoísmo, algo que a veces te echa a perder tus mejores momentos. Recuerda que esta relación sirve para entenderte mejor a ti mismo o a ti misma.

No se puede hablar de Cáncer, sin mencionar a Marcel Proust, Cáncer ejemplar, quien pensaba, según el maestro Sachs, que el verdadero paraíso era el que se vivía en el vientre materno; que lo erótico y lo clandestino era la perfección sexual. Las palabras de Proust son algo tan sensual y erótico que deberían ser lectura obligada para todo Cáncer. "Nunca estoy satisfecho hasta no tocarlos [habla un protagonista proustiano sobre los jóvenes caballeros]. No quiero decir físicamente, pero tocado como una cuerda que vibra." Ahhhhh, Proust. Gracias.

Cáncer seduce a Piscis

Agua con agua. Y agua de nuevo.

Ambos, Cáncer y Piscis, tienen esto en común. Y el agua toma siempre la forma de la vasija que la contiene. Déjate ir, Cáncer, sin esperar gran cosa porque toda cosa que te suceda en la cama con Piscis puede ser inesperadamente un *rendezvous* tan erótico, que decidas que esta es la persona con la cual quieres pasar el resto de tu vida. Cáncer, hay poco sobre la faz de la tierra que pueda perdonarte con más brío, cariño o inteligencia que Piscis. Sí, Piscis mejora tu música interior, te entiende intuitivamente y puede despertar en ti una gran pasión. Pero cuidado. Nada es perfecto y dejarse ir el uno con el otro, como si fuera sobre las olas del mar, sin pensar en lo traicionero que pueden ser esas mismas olas o las corrientes del agua, puede despertarlos (a Cáncer con Piscis) justamente antes de ahogarse por no haberse fijado en lo que pudiera ser. Nada es perfecto. Y yo, si fuera Cáncer, con Piscis en mis místicas tenazas, no lo dejaría ir por nada en el mundo.

Parejas famosas

El agua, el gran diluvio y la poesía amorosa de Pablo Neruda o la fidelidad de Nelson Mandela. El matrimonio de Tom Hanks con su adorada Rita. Lo que dejó Ingrid Bergman por irse con el director Roberto Rossellini y la letra de la canción "Querida", cantada por Juan Gabriel (quien es Capricornio, el ying tan buscado por el yang de quienes hayan nacido bajo el signo de Cáncer). Cáncer puede dejarlo todo por uno. O pasar la mejor noche de amor en un hotel de paso. Sus amores fluctúan como la Luna, y su mejor pareja llega con eso mismo. Los rayos de la Luna, el polvo de estrellas o el aroma del coito... bien sentido, totalmente entregado felizmente recordado. Amarte es un deliete, debe decirle todo Cáncer a su amor. Y si no lo ha hecho, cuídate.

Leo

construye

(23 de julio a 22 de agosto)

Toda acción humana tienen una o más de estas siete cosas: suerte, naturaleza, compulsiones, hábito, razón, pasión y deseo.
—Aristóteles

¿Sientes que sabes mandar, que ser centro de atención es lo tuyo y que deben los demás saber de entrada que sí eres *una monedita de oro*, única?

¿A veces te sabes profeta? El gran Sansón pertenece al grupo de los dichosos, siendo los dichosos, por supuesto, Leo.

¿Sabes hacer feliz a otro corazón, a los que amas, con quien haces el amor, a los tuyos?

¿Te dejas querer con tanta facilidad que a veces te pasmas, o te late tan fuerte el corazón cuando aparece tu ser amado que te asustas?

¿Escondes de vez en cuando una nobleza tal, que difícilmente hieres, aun cuando ya no amas?

Respondiste "sí" a más de tres de las preguntas? Para saberte Leo, no se necesita una encuesta, Leo es toda una manera de ser. Y siendo Leo, se sabe uno Leo. Pero, ¿y si tienes mucho de Leo en ti, a pesar de ser de otro signo astrológico? Eso es totalmente posible. Puedes tener muchos planetas en ese signo, o simplemente sentir que llevas el rugido del león o de la leona en el alma.

Ser Leo

Leo es regido por el Sol. El Sol representa el 99 por ciento de la masa de nuestro sistema solar. ¡Imagínense todo lo que pueden hacer cuando se prende sexualmente alguien de signo Leo, cargado con tanta energía! Y, por supuesto, Leo puede encontrarse metido en líos por haber repartido con demasiada facilidad el fulgor que siempre traen por dentro. Así y por eso, además de enfriarse como si ellos mismos se eclipsaran, se distraen repentinamente y para dolor ajeno, con inmediatez y gran facilidad. Hay que saberlos abordar, conquistar, amar y retener.

Platón, uno de los fundadores de la filosofía occidental, por supuesto que también hacía el amor. Es más, el platonismo, base de muchos pensamientos filosóficos, es considerado como uno de los movimientos feministas más antiguos (entre muchas otras cosas). Decía Platón que debía de haber mucha diferencia entre la vida sexual del hombre y la mujer. Su teoría sobre el amor, contiene mucho sobre sexo de todos tipos —heterosexual, homosexual—, maneras y posiciones. Para Platón, *hacer el amor era el primer paso hacia la perfección*. No se sabe exactamente la fecha de su nacimiento de este gran sabio, pero según algunos historiadores, pudo haber nacido alrededor del 29 de julio del año 428 antes de Cristo. Leo.

Leo, se te puede querer de muchas maneras, aunque cada uno de tus amores aprende que *hay* que quererte de muchas maneras, porque conocerte es quererte, y si no, te aburrimos.

Con demasiada frecuencia, te sabes el rey o te sientes la reina, y das de ti para sentir solamente tú. Tu pareja a veces tiene la necesidad de buscar cómo seguirte, y TODOS tenemos que aprender (o hacer como que ya sabíamos) que tú sabes que lo que dices y haces es siempre lo "mejor" (no lo discutan si no eres Leo). Si no eres Leo, tendrás que hacer un gran esfuerzo para que lo dogmático y lo intolerante no invada las sábanas. Eso sí, acuérdense, todos tenemos a Leo en nuestra carta astral personal y es precisamente eso lo que nos ayuda a sostener nuestro ego. Como Leo galardonea el suyo. Su ego. El *superyó*. Algo que siempre debe estar presente.

Así se comprende la razón que da Leo cuando explica que lo ordinario, la mediocridad y los sentimentalismos absurdos no son soportables. Los aguantan un ratito, no más.

Sensualidad, mente y espíritu

¡Cuidado, es Leo!, me decía mi madre. Pero ella no pudo decirles que no ¡A TRES! Para gozar en serio, necesita Leo sentir que *este* es el mejor momento de su vida. Y, si siguen el monto general de "sexo una vez por semana", no creas que no te va a costar trabajo encontrar 52 posiciones diferentes, momentos, diversiones y apasionados besos para satisfacer tu gran curiosidad. Leo es capaz (también) de tener relaciones sexuales una vez al día y aunque para algunos esto pareciera una locura, para otros esto puede ser algo tan normal como salir a hacer tu ejercicio diario.

> *La felicidad en esta vida no consiste en la ausencia,*
> *sino en la maestría de sus pasiones.*
> —Lord Alfred Tennyson,
> poeta inglés

Leo trae fuego en el alma, aún dormido, y sin lograrlo disipar, se apaga. Y un Leo apagado entra en un especie de catarsis total. Cuidado de nuevo. Leo hará el amor bien o mal, dependiendo de su pareja o, por lo menos, reflejando a su pareja y recriminando si no siente que es el mejor amante del mundo, a fuego lento o a fuego fatuo.

Quiero. Yo quiero.

Querer es el verbo que complementa los hechos de todo Leo. Quiero hacer el amor, aquí y ahora. Y luego lo celebra, sometiéndose a su propia actuación, disfrutando su gasto emocional sin temor, armonizando su propio ser, porque siente que vuela y es dueño de su alma y del ser sacrificado que regresa después por más. Y en una frase, juntamos los verbos que más los hacen vibrar: actuar, armonizar, celebrar, disfrutar, ser, someter, temer, valorar y volar.

Se puede decir que Leo está hecho solamente de materia prima, y eso los convierte a menudo en potentes amantes, cuando los astros los acompañan. Querer hacer, querer tener, querer recorrer el cuerpo de su amada o su amado, querer probar todas las cosas que le han dicho que no debe hacer, porque sabe que a él o a ella, sí le saldrá bien, eso es Leo.

El color del amanecer

Leo, tu color es el oro, pero a falta del mismo, el naranja puede sustituir el brillo, aunque nunca su magia. El oro era considerado como la materia de la piedra filosofal. Y llevar algo de oro sobre tu persona siempre es bueno. El oro purifica (dicen) los malos pensamientos y el mal de ojo. Primero fue la fruta, la naranja, y luego el color. El naranja vibra, significa energía y calor, y el Sol estimula. Sobre todo a Leo.

Nunca olviden que el color, tan relacionado con la fruta naranja, tiene a la vez similitudes agraciadas. Como a Leo, a la naranja siempre se le puede sacar un poco más jugo. Y para reavivar el buen humor, el mismo color (está comprobado que el naranja aviva y reanima el estado de ánimo) o los tonos anaranjados demandan atención y dicen que además es un buen color para integrar a un humano con otro humano. Cualidad que lleva Leo simbólicamente siempre, inclusive cuando hace el amor.

Detalles de tu sexualidad

D.H. Lawrence pregona que el sexo puede curar, que todo lo demás es veneno, pero el sexo puede curar solamente cuando estamos sin reservas y sin defensas. Así, los hombres y las mujeres reciben lo que se merecen.

—Norman Mailer, de su libro
The Spooky Art of Writing

Esto parece salido de un libro de texto sobre Leo. Para Leo, el sexo es un reto consigo mismo. Y eso no se puede evitar. Ni se debe, porque enaltece sus propósitos. El gran ego de Leo le aporta un claro desarrollo de sus propios sentidos y a veces se manifiesta en desbordante pasión y deseo casi animal, algo que encontramos repetidas veces en el símbolo del león, animal simbólico de su propio signo. El semen mismo tiene a Leo como signo astrológico, regido por Júpiter.

Explorar será siempre lo mejor para Leo, con esplendorosos resultados. Y el corazón es su órgano estelar. Un buen masaje puede ser su talón de Aquiles "la carnada no puede ser llenada de puro ego", dijo una vez un Leo. Leo lo sabrá.

Pero eso sí, sintiéndose engañados, el drama no cesa. "Preferiría haberlo visto muerto", me dijo una queridísima amiga cuyo marido le acababa de confesar que había embarazado a una mujer joven. Al mismo tiempo, otra mujer guapísima, inteligente y afortunadamente adinerada, me dijo sobre la inesperada y bochornosa muerte de su marido: "Hubiera preferido que se hubiese ido con otra mujer". Ambas Leo. Ambas sufrieron con el drama exagerado que aparece cuando se es Leo y ambas ya tienen pareja nueva. Hacen el amor con gran pasión y volvieron a ser felices. Porque Leo es un signo que sabe ser feliz, hacer feliz a su pareja, y gozar.

> *El amor no fue puesto en tu corazón para quedarse /*
> *El amor no es amor si no sabes qué darle.*
> —Canción medieval escrita seguramente
> por un Leo con mucho corazón

Todo lo relacionado con el corazón tiene que ver con Leo y, por lo tanto, si existe un plan divino, eres de los escogidos. Las partes del cuerpo que Leo domina son el corazón, el pecho, la espina dorsal y la parte superior de la espalda. El corazón, según las leyendas de antes y de ahora, es un músculo que hace y deshace amores. Y el corazón de Leo no es nunca un corazón común y corriente.

Hipócrates, el padre de la medicina, que vivió en el siglo IV a.C., decía que aquel que no entiende la astrología no es un doctor, sino un tonto. En sus escritos, se atreve a ponerle signo a los diferentes casos de corazones enfermos y, hasta la fecha, el eslabón entre la astrología y la medicina es fortísimo.

En tu vida, Leo, muchas cosas que nada tienen que ver aparentemente con el sexo tendrán que ver con tu placentera búsqueda de placeres sensuales. Y si te permites en algún momento leer algo del filósofo Epicuro, te harías un gran favor. Placeres exquisitos para embriagar el alma, el momento y el acto en sí. Leo sabe cómo, entiende cuándo y necesita comprobar qué es lo bueno. Además, Leo tiene el don de seguir siendo amigo o amiga de quien haya amado para el resto de sus días. Por esto, puedes identificarte con Leo, pedirle consejo, permitir que te explique ciertas cosas, y así sabrás que gozar es lo indicado al hacer el amor.

Amor animal a lo Leo

La fuerza y la realeza: dos ideas que permean el símbolo de Leo. Y en libros antiguos a veces se cegaba con su propia luz, lo que significaba que podría ser tan admirable como insoportable. Curiosamente, los leones no son tan promiscuos como la mayoría de los animales. Aunque cada macho se aparea con varias hembras y todas las hembras se aparean con varios machos, y tienen que pertenecer a un grupo de leones, formar parte de un conjunto es parte de ser león. Ellos, cuando se gustan, se frotan y se tallan las cabezas. Las hembras arquean sus espaldas y, cuando pasan al hecho, el león macho gruñe con un sonido específico y procede a montar a la hembra con una prisa desmesurada, repetitivamente, y con frecuencia no logra penetrarla. Durante unos cuatro días repiten su baile cachondo cada 25 minutos, con una duración de unos 30 a 70 segundos. Ahhhh, pero cuando rugen, se escucha a diez kilómetros de distancia. "¿Me está llamando mi león?", se dirá la leona. Y corre hacia su amado, imaginándose lo máximo, para recibir algo menos. Y, sin embargo, corre la voz entre las manadas que el león hace el amor mejor que nadie, porque ese león convenció a esa leona de que así tenía que ser... y, por lo tanto, quedan todos contentos.

Kama Sutra: Tu posición ideal

Aquellas cosas que incrementan la pasión deben de ser hechas en primer lugar, y aquellas que son simplemente para divertirse o para cambiar, deben de ser realizadas en segundo lugar
— Mallanaga Vattyayana,
Kama Sutra, 1883

Tu sexualidad es tal, que después de hacer el amor no te queda la menor duda del gozo de tu pareja. Tu entusiasmo es tal que con una seguridad imponente sabes que puedes, con toda la tranquilidad del mundo, comprobar que se equivocaron quienes le pusieron el nombre de *posición del bostezo* a la "kamasutreada" que acompaña este signo. ¿Por qué? Porque para Leo es en realidad mucho más parecido a la posición de la "V" de victoria.

El *Kama Sutra* es un texto sobre el comportamiento sexual, escrito por Vatsyayana en el siglo IV d. C. *Kama* significa "sexualidad" y *Sutra*, el hilo "conductor".

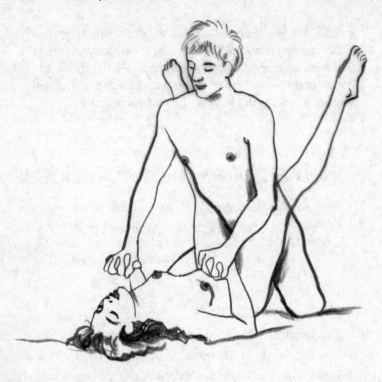

Placer sensual. Lujuria y cosa apetitosa. *Leo is hot.* Los Leo son calientes de nacimiento. Y, a la vez, se nutren y necesitan siempre el calorcito del Sol. A tal grado que una cama fría puede echar a perder un beso apasionadísimo. Y aquellos que no tuvimos la dicha de nacer Leo tendremos que entender que en cualquier momento se pueden topar repentinamente con su único pequeño defecto: No saben que su frialdad duele, ni cuenta se dan (o te das, siendo Leo) de cómo pueden herir con gran facilidad, cambiando de tema, de caricia o de interés porque sí. Quizá porque tu persona alfa, que traes por dentro, simplemente aparece para aniquilarnos con una sola palabra o un pequeño gesto. Porque Leo nace con un especie de apagador instantáneo que puede ocasionar un cambio brusco de emociones y, en un santiamén, todo se acabó. Como la cortina final de una obra de teatro.

Igual que el Sol y la Luna, todo tiene su lado masculino y femenino, el espíritu y el alma. Y Leo bien sabe cómo hacer resaltar ambos misterios en todo caso. La búsqueda de una total unión, presente por un momento al hacer el amor, es algo que los nacidos bajo este signo saben amaestrar. Leo es fuego, fogoso y feliz cuando puede hacer, decir y recibir lo que quiere.

La conexión de Leo entre sexo y emoción es total. El paso siguiente, sexo y amor, a veces le cuesta más trabajo, pero cuando cuaja, es como el animal que te representa. Para siempre. Y cuando es para siempre, siempre es una y otra y otra y otra vez. Siempre, en este caso, con la emoción que merece. Lo que quieras.

Dicen que de niño y de joven, vivía en un prostíbulo con su tía, y que el libro lo escribió no solamente para ser usado como un instrumento para aprender a satisfacer nuestros deseos carnales, sino porque quien consigue gratificación sensual obtiene maestría sobre sus propios sentidos y no se convierte en un esclavo de sus pasiones. Así, dice el sabio, obtendrá éxito en su vida. (Tiene que haber sido de signo Leo el autor, aunque la fecha exacta de su nacimiento es un misterio.)

Tu astro sutra

Piensa en "adónde estás", no en "quién eres". Así, nunca descubrirán que posiblemente alguien de tu mismo signo inventó eso que se llama *poliamoríos*. Llámalo flexibilidad y, si puedes convencerte de que esto sirve, comunícaselo a quien se deje convencer. De lo contrario, ayuda a quien busca ser todo lo emotivo o emocional que quiera. "Quiero hacerte sentir todo lo que necesitas", es la frase perfecta para elevar tu libido, Leo, y la de quien te ame.

Leo en pareja

Leo selecciona a Aries

Mañana será otro día...

Considerada una de las frases más conocidas en la historia del cine, Scarlett O'Hara dice *Tomorrow will be another day* en la película *Lo que el viento se llevó*. Ella, protagonista de la historia de una mujer que tiene que haber sido Leo, tiene carácter fuerte, duro cuando necesita serlo, apasionado y firme en sus propósitos. Me los imagino a los dos, a Scarlett y a Rhett Butler, haciendo el amor, personificando esta combinación de Leo, quien ha escogido al tempestuoso Aries, pensando en que solo esta persona de signo Aries puede satisfacerla. Leo es típicamente romántica(o). Sabe ser noble, generosa y sacrificar lo que sea para conseguir lo que quiere. Leo vive el hecho de hacer el amor como el amante que quiere complacer, que sabe complacer. Y, por lo mismo, espera ser adorado, porque Leo nace con la seguridad de que su amor y su manera de amar son "únicos". Leo quiere ser dueña de su propia vida sexual, y Aries, quien no siempre estará de acuerdo, le puede hacer perder el estribo. Podrían quizá entretenerse estudiando el *Kama Sutra* con mayor atención, y así, felicitarse apasionadamente. ¡O no! La suerte está con ambos.

Mick Jagger, Karl J. Jung, Jacqueline Kennedy, Fidel Castro, Napoleón Bonaparte, Whitney Houston, Bill Clinton y quien quieras agregar a la lista de personas y de personalidades que no pueden parar su pasión una vez encendida.

Leo toma a Tauro
Tiempos justos... o justo a tiempo

Dicen que con el signo de Leo comienza el estado de desarrollo de los sentidos, aunque los sentidos son la caja de resonancia de Tauro. ¡Combinación entonces detonante! Leo y Tauro tienen un fuerte resplandor (más bien un rayo como los pintados en las tiras cómicas) una gran Z que comienza con cierto estruendo y sigue con el ego de ambos, frecuentemente alterados. Así es en las buenas, en las malas y en los intermedios, inclusive al creer estar totalmente seguros de pisar tierra firme. Así, gradualmente pero sin dudas, las sensaciones de ambos se convierten en sentimientos que tanto Leo como Tauro tienen que aprender a dominar y a disfrutar a la vez. Así sabrá manejar Leo el brío indispensable para vibrar. Así le harás ver y sentir a Tauro que él o ella también puede tener acceso a la energía y satisfacción que merece. Y tú, Leo, tienes la capacidad de sentirte satisfecho dando algo que no siempre sabes dominar cuando en el acto del amor las cosas no salen como tenías planeado. Si no te sientes suficientemente satisfecho, si crees que "falta algo", es porque no has sido suficientemente egoísta. Tan fácil como eso. Componerlo es un poco más enredado, y eso es lo que te toca resolver. Quizá no te has dado el tiempo suficiente.

> El corazón late con mayor rapidez al caminar enérgicamente que al hacer el amor.

Leo posee a Géminis
¡Silencio, genios trabajando!

Combinación genial si intervienen suficientes palabras. NADA de quedarse callado, Leo, porque si todo se hace o se hizo bajo un silencio o unas frases banales, mal síntoma. Hay un símbolo imaginario que bien vale la pena llevar consigo para superar cualquier dificultad que pudiera aparecer (en un futuro lejano, esperemos). Imagínate una casa, la de tus sueños, pero totalmente vacía. Poco a poco la vas llenando con lo que tú consideras los muebles perfectos (y Leo necesita buena calidad). Así, construyes lo que necesitas sin enredarte demasiado. Tu alma de guerrero y rey aprenderá así a calmar su fulgor y apaciguarás tus prisas. Así, la victoria y el premio que tanto necesita Leo para estar contento consigo mismo aparecerá sin tener necesidad de actuar como alguien que está simplemente a la búsqueda de su propio placer. Géminis no se deja. Y Géminis a la vez sabe instintivamente de qué manera ayudarte y tranquilizar tus propias dudas. Leo necesita aprender a confesar que tiene dudas, y con Géminis podría encontrar la persona adecuada. Géminis puede ayudarte a mejorar, algo que a menudo no crees posible. ¿Te parece enredado? Puede que así sea, pero yo no soy Leo ni escogí a Géminis para despertar mi alter ego. Tú, en cambio, lo estás pensando. Haciendo. Gozando.

Leo se inflama con Cáncer

Distinguir una cosa de otra

No se ve con demasiada frecuencia este emparejamiento, pero si ustedes están juntos, no se asusten. Cáncer y Leo pueden ver todo color de rosa si Leo se permite aceptar que está realmente bien cuando gana, cuando sueña, cuando manda, cuando autoriza, cuado impresiona, cuando logra que su individualidad sea verdaderamente autónoma. Y Cáncer está totalmente a gusto cuando sueña. Así de fácil. Porque se puede soñar despierto igual que dormido. Leo podría sentir que con Cáncer lo tiene todo ganado de antemano, y esto podría ser algo muy momentáneo. Cáncer tiene una frágil delicadeza que si Leo no la sabe gozar, estará algo perdido. Leo, necesitas (para que esto funcione como ambos quisieran) ponerte realmente al día en todas las novedades habidas y por haber, y las posibilidades que el sexo puede aportar para tu propio bien. Una lectura de algo que te ponga en contacto con tu propia libido, para lograr un mejor conocimiento del cuerpo humano en todo su regocijo, te ayudará. Usa los ojos para ver algo que desconoces y que aceptas desconocer. Ser un poco más gentil para el gozo del "otro" es lo que impera en esta combinación, y una vez aclarado este punto, podrías, con Cáncer, convertirte en la pareja perfecta, el amante perfecto (con un poco de ayuda de los astros). Claro, tu sabrás cómo ponerle nombre a esa conclusión para que, a tu manera, hagas a la vez tu propia jugada, la perfecta. Y entonces, ¡dichoso Cáncer!

> En un libro del siglo XVI se habla del poder mágico del semen, que con un movimiento espiritual puede crear un soplido de aire que a la vez purifica el corazón.

Leo con Leo, ante su propio espejo
Liberación de la conciencia

La pareja perfecta para Leo es alguien que es amigo, amante, maestro, confidente, y alguien que a la vez te divierte. Y, si es de tu mismo signo, también debe convenirte. Por alto, bajo, gordo, flaco, rico, pobre, por algo muy directo y sencillo. Algo que cada vez que lo piensas te permite sonreír sin que los demás sepan por qué. Tú, Leo, eres todo un personaje, o por lo menos, debes imaginarte como tal. Y no hay Leo en el mundo que no lo sea para alguien, aunque ese "alguien" no siempre sea su pareja en amores. Ahora, si encuentras que entre ustedes hay un verdadero problema o un imaginado problemita relacionado con el sexo, no deben tratar de resolverlo sin pedir ayuda profesional. De lo contrario, podrían encontrarse caminando uno sobre las huellas del otro, en lugar de aclarar consigo mismo el hecho. Charlar consigo mismo no quiere decir charlas entre Leo y Leo, y que quede bien claro. Leo y Leo pueden llevarse a las cimas más altas, a los sentimientos más profundos, siempre y cuando carguen (ambos, por supuesto) un paraguas de la seda más fina (como metáfora), que siempre esté en el lugar adecuado y funcione al tacto. Así, las caídas, los malentendidos y los roces siempre tendrán resolución, y ustedes juntos podrán escribir su propio manual.

Leo escoge a Virgo

Vivir para amar

Hay quienes sostienen que los signos astrológicos contiguos son los que menos se parecen entre sí, y a los que más trabajo les cuesta acoplarse. Yo también lo creo. Y he visto que cuando Leo escoge o cae redondo a los pies (o sobre el cuerpo) de Virgo, es porque Leo es mucho más intelectual de lo que imaginaba. Sea cual fuese el carácter y los quehaceres de Virgo. ¡Ojo! Esto no significa que debe ser escritor ni poeta, ni periodista, ni cancionero (podría Leo ser cualquiera de estas cosas, porque Leo puede ser lo que quiera, esa ventaja le damos). Pero al estar juntos Leo con Virgo, se le alebrestan las neuronas a Leo en lugar del olor de la pura sensualidad. Además, continuando el buen uso de su erudición para conquistar al ser amado, le funciona mejor la erección o el gusto por sentirse gloriosamente satisfecha, dependiendo del sexo de Leo. La liga entre su cuerpo y mente, para este Leo con esta pareja, es de suprema importancia. Si entiendes esto, puedes prender la luz de tu vida.

Existen, como en todo tipo de medicina, placebos (píldoras o parches que experimentalmente no contienen actividad terapéutica) que pueden mejorar o renovar el deseo sexual de todo individuo… como el de una paciente, quien al comenzar a tocarse, revivió el deseo directo de hacer el amor con su pareja a los tres meses de tratamiento.

Leo opta por Libra

Un tratado de pasiones

Zeus y Venus ya tienen una historia mitológica que Leo, en este caso, debería averiguar. Tanto nuestra estrella (el Sol, representante de Leo) como Venus (planeta que rige a Libra) están emparentados. El Sol manda y Venus seduce. Por lo mismo, ambos se acomodan cuando la luz es la adecuada, las sábanas son de buena calidad, la piel de uno y del otro se contagian con una magia espontáneamente sensual y los olores despiertan amor, ternura y ganas de seguir. Aunque fuese por un rato, pues ambos son muy requeridos constantemente. Y, con todo y eso, la relación puede llegar a ser pluscuamperfecta. Digamos que si hoy podemos ver en el cielo nocturno la luz de algunas estrellas que ya ni siquiera existen (porque han viajado unos 13 mil millones de años para llegarnos), cualquier cosa es posible. Esa luz podría representar el recuerdo de un porvenir que está por llegarle a ustedes, y perdurará para siempre en tu vida, porque lo estás viendo o, parafraseando de nuevo, porque ya supiste lo que es un momento de perfección amoroso, un detalle sensual, un momento que estará para siempre presente, una caricia excepcional. Y, de no ser así, hagan aún otro esfuerzo para lograrlo, porque está en su destino.

Leo cree preferir a Escorpio

No quedarse consigo mismo

Los astros nunca dosifican todo, pero siempre tienen "vela en el entierro" y logran alumbrar los caminos de quienes tienen signo astrológico. "La felicidad acontece cuando lo que piensas, lo que dices y lo que haces está en armonía", dijo Mahatma Gandhi, quien era Libra, pero con su Luna en Leo. Y, donde se encuentra la Luna, están las emociones. Armonía es la palabra que debe regir a los que piensan hacer, han hecho y hacen el amor con esta combinación. Pero será una armonía ganada a pulso. Esta bella palabra y su cadencia perfecta nos llega desde Ptolomeo, cuando escribe sobre la armonía y el sonido de los planetas. Armonía, sonidos, medidas y pausas. Armonía que tiene varios sinónimos que bien hará Leo en averiguar para probarlos con Escorpio. Les propongo algunos como *cadencia, simetría, conformidad, concordancia, equilibrio, pacto, concierto*… Sigan buscando, por favor, y consigan más y más. Continúen amando y verán que la felicidad sí existe.

Leo agita a Sagitario

"Y arriba y arriba, y arriba iré / Yo no soy marinero, por ti seré". Estos versos son de "La bamba" (canción que tiene mas de 300 años en bocas ajenas, con influencia flamenca, afromexicana y de versos improvisados que divierten y dan ganas de pararse a bailar), escúchalos bien Leo, y sigue su divertido significado con Sagitario para pasarla mejor. Dicen que el nombre *bamba*, viene de *bambolear* (menear)… *para bailar la bamba, se necesita, un poco de gracia, y otra cosita*… y es justamente esa cosita lo que tienen tanto Leo como Sagitario para encontrarse y comenzar el baile del gusto por hacer el amor y bailarlo al compás de lo que puedan. "Dame tu cosita, mi vida", y sigan con esta combinación de dos signos fuertes, auténticos y con ganas de seguir arriba o arribando. Por lo mismo, tengan en cuenta que el verbo *arribar* significa "conseguir lo que se quiere". Esta es una combinación de dos personajes de arranque, que deberán dar cada quien de manera bastante espectacular.

Leo erotiza a Capricornio

Dedicándole el debido tiempo con la calma necesaria

Mucho tiene el uno que aprender del otro. Capricornio, a quien no le gusta apurarse, en contraposición con Leo, quien se "prende" con una inmediatez espectacular. Con frecuencia, Leo no sabe o no entiende lo que necesita Capricornio para sentirse todo lo feliz que debe y, sin embargo, incesantemente Capricornio es lo mejor que te puede pasar para mejorar no solamente tu entorno, sino tus ganas de amar, Leo. Su tranquilidad y su disposición para saber controlar sus acciones son exactamente lo que necesitas para encontrar ese equilibrio que tanto ansías como Leo. "El hombre es un animal triste después del coito", es un dicho antiguo y nadie mejor que Capricornio para hacerte comprender lo que esto realmente significa y todo lo que tú, Leo, podrás ofrecer, una vez que lo entiendas en toda su profundidad. ¿No te suena suficientemente divertido todo esto? Pues, algunas veces eso es justamente lo que te hace falta para lograr ese gozo máximo y hacer que dure y dure, y goces y goces, todas las veces que la vide te lo permita.

Esta combinación es la de Michelle y Barack Obama. Leo él y Capricornio ella, quien sí creyó en el cambio, lema principal de su campaña. (*Change we can believe in*.) Si sabemos entenderlos, los podemos imaginar amándose. Pareja donde cada uno pone lo mejor, y el resultado está a la vista.

Leo enloquece con Acuario

Los movimientos del connoiseur

Las palabras del "perito" en el asunto. Convencer porque tus conocimientos impresionan, y dejarse ir con gusto. Cuidado, cuidadito. Tu futuro podría convertirse en pasado si no te fijas bien o no te percatas de lo que está sucediendo. Leo y Acuario son signos opuestos, y eso puede causar chispas, revolver las cosas o convertirse en algo tan perfecto como la misma Tierra (los astros después del Big Bang). Leo es está formado del elemento fuego y Acuario del elemento aire, uno puede con facilidad realimentar al otro. En tu propio mundo sexual, Leo, es imperativo que te acuerdes detalladamente de cómo, cuándo y dónde fue y qué parte de tu cuerpo gozó más, en especial si fue con Acuario, quien podría orillarte a que te conviertas en alguien que resulta ser el *connoiseuar*, alias el experto, en saber hacer lo que tienes que hacer para complacer a quien tengas entre tus brazos. En este caso, a Acuario. Recuerda que compartir es un verbo motor muy tuyo, según los lineamientos milenarios de los astrólogos antiguos.

Una metáfora antigua describe muy bien el amor de los primeros cuatro signos, con Leo como pilón: Aries representa el espermatozoide, y Tauro, el óvulo. Géminis podría ser la unión de ambos, y Cáncer el milagro de la gestación. Leo, es quien le pone al nuevo ser su autonomía, enseñándole a hacerse valer.

Leo seduce a Piscis

Permanecer para tener

Posiblemente aún no sepas que, de todos los signos del zodiaco, los nacidos bajo el signo de Piscis son los más allegados y quienes se relacionan casi biológicamente con la palabra *fe*. Tengan en cuenta que sus sinónimos pueden ser certidumbre, creencia, afirmación o fidelidad (además de otros que tú encuentres). Esto significa que tú, Leo, al haber escogido a alguien de este fascinante tipo astral, pones en evidencia la gran necesidad que tienes, además de todos tus atributos y tropezones, de encontrar tu propio reposo del guerrero o el acomodo final para poder decirse, "Hasta aquí llegué, porque esto es lo que quiero". En el libro y en la película que lleva ese nombre, la colisión de dos mundos causa un cataclismo en la vida de ambos, en dos personas que se necesitan entrañablemente. En tu intimidad, Leo, la relación sexual puede a veces ser confundida con "tus" relaciones sexuales, algo que en realidad solo tú mismo puedes valorar, presumir o consumir. Tú eres quien debe de concluir el acto del amor en sí diciéndote, o murmurándole a alguien en el oído, "Mmmmm, hacer el amor es algo sumamente dignificante", para el bien tuyo y de quien te acompaña en esa bendición, el sexo.

Parejas famosas

Jacqueline Kennedy. Signo Leo. Fue amante fiel de John F. Kennedy, y sin lugar a dudas tuvo a bien aguantar sus paseos de infidelidad, queriendo compartir su lecho de dicha al mismo tiempo que compartirlo a él. Y eso es algo que Leo, por lo general, no puede soportar. Él, siendo Géminis, no podía evitar amar a quien se dejara, y ella sabía, con sabiduría de reina, guardarlo a su lado. A veces, la magia hace milagros. El cielo nos enseña cómo esperar y *The Eternal Sunshine of the Spotless Mind* se convierte en un amor inolvidable, como aquel de Abelardo y Eloísa, o de John y Jackie. A veces, el recuerdo de una noche de amor bien vale una misa.

Virgo
ayuda y emociona

(23 de agosto al 22 de septiembre)

La mente también puede ser una zona erógena.
—Raquel Welch

¿Sientes que hacer el amor te compromete?

¿Te han dicho, quienes te aman, que eres difícil?

¿Eres capaz de recoger un perro de la calle, ayudar a un enfermo, regalar tu CD preferido y hacerle un favor difícil a un amigo fácil?

¿Te preocupas más de la cuenta?

¿A veces eres tan eficiente que le haces la vida imposible a los demás?

Si eres Virgo, las preguntas arriba mencionadas podrían aligerar tu vida, ya que tienes excusa al tener lo que unos pudieran considerar defectos y otros extraña locura. Y siempre, poderosa imaginación difícil de expresar. Hay (inclusive) quienes dicen que lo tuyo es capricho con nada de vanidad, pero "lo tuyo" es definitivamente una mirada seria y una emoción sin par al hacer el amor. Esto amplifica tu poder de gozo y de alegría que una buena noche de amor puede producirte, y, a la inversa, la rabia que puede nacer de entre las entrañas cuando te sientes dañada o dañado por un acto que lastima tus ganas de amor, de amar, de consumir tu pasión.

Ser Virgo

De acuerdo. La dopamina es lo que invade el cerebro y nos enloquece hasta la desmesura y acelera los latidos del corazón. A eso le llamamos enamorarse. Anhelas, te emocionas, sueñas con comértela viva o chuparle hasta los dedos del pie, ¿pero no sabes que Dios nos dio un neurotransmisor que bajo el nombre de dopamina te hace sentir que sin hacer el amor con el objeto de tus deseos todo está perdido? Virgo puede analizarlo todo, saber aún más, entender que quien descubrió la dopamina ganó un premio Nobel, y al mismo tiempo enloquecer hasta perder el control cuando desea —aunque parezca mentira que este signo, bautizado con un nombre *virgina*, sea o pueda ser tan erótico.

Mercurio (planeta que compartes con Géminis) tiene ingerencia con tu enfoque mental, además de establecer tus experiencias personales en tu memoria. Esto resulta en su presencia cada vez que haces el amor, y convierte cada coito en algo para recordar.

> *Ama hasta que te duela. Si te duele es buena señal.*
> —Madre Teresa de Calcuta

El sexo es el lirismo de las masas. Virgo, eres líder de masas. No lo puedes evitar, teniendo al gran mensajero de los dioses como regente de tu propio signo. Al mismo tiempo, eres quien *más* logra a través de tu propia humildad. Y por lo mismo, ten cuidado, pues tienes el don de perderte en el sexo, con el sexo, enredado en una sábana perfumada, pensando que es amor. Otros dirían que eso puede permitir el gozo total, una desbordada dicha al hacer el amor, pero tu estado normal siempre tiene algo de crisis. Crisis que te permite evolucionar cada vez que te pierdes en esa misma dicha. Con o sin amor. No existe, pues, alguien de este signo que no necesite amaestrase, tomar sus propias riendas de vez en cuando (algunos diariamente), algo que les hace ver cómo acelerar a grandes pasos su paseo por la vida. De manera que encontrar un buen balance entre amar y hacer al amor te prepara para ordenar tu vida.

Así, y por esto, una vez que los nacidos bajo este signo se sienten con suficiente confianza para adecuar sus células a

una vida que puede deleitarse con y en el amor y sus deriva-
dos, se convierten en poetas del placer. CUIDADO, porque
puedes, en el momento menos indicado, invertir el dicho *la
necesidad es un rasgo objetivo de todo el universo* en *la necedad es
un rasgo objetivo de todo el universo*, perdiendo así maravillosos
momentos de satisfacción, deleite, goce, diversión, gustazo y
manjar espiritual, con algo de erotismo y lujuria a la vez.
Una canasta básica para regocijarse. Para lograrlo, no te sacri-
fiques y, aunque es importante que sepas que en la antigüedad Virgo representaba todas las virtudes, analiza un poco
menos cuando del sexo se trata. Permítete perder la cabeza si
quieres, pero recuerda que la dopamina también tiene que
ver con el deseo anticipado y la apetencia.

El libro de historias eróticas para parejas, *La historia de O*,
*50 años de Playboy, El amante de Lady Chatterley, Las mil y
una noches, Las cartas a Penthouse, Comics ilustrados* de
R. Crumb, *La historia de mi vida*, de Giacomo Casanova, *La
historia íntima del orgasmo* y *La vida secreta de Oscar
Wilde*, son solo algunos de los títulos entre los millones de
libros que pueden saciar la curiosidad de Virgo.

Virgo es emotivo, bastante más de lo que cree. Curiosamente precisos y nerviosos, o mejor dicho, nerviosamente
emotivos, y por lo mismo para ellos es recomendable leer
algo suculentamente sensual, ver una película netamente
pornográfica o analizar al enciclopedista del chiste colorado,
(¿han escuchado hablar de Gershon Legman?) es muy recomendable. Y si lo puedes hacer en compañía del ser amado,
aun mejor. Les podría hacer una larguísima lista de intere-

santes historias de colores subidos como *La historia de la sexualidad* de Michel Foucault, *The Joy of Sex* y hasta cuentos del genial Isaac Bashevis Singer o *Lolita* del Nobel Nabokov. La lista es larga y tendida. Escojan un día con la Luna en Virgo, abran con calma su propio sitio de Internet y escriban libros sobre sexo. Yo me encontré con 109 millones de títulos… ustedes, lean lo que les interese. Pero sepan que en una vida, es difícil leer más de 6.000 libros, el mismo número de estrellas que se ven en la bóveda celeste en una noche clara y serena.

Sensualidad, mente y espíritu

Virgo es quien busca el amor perfecto o se pregunta, ¿cuál es la pareja perfecta? Y aún sin saberlo, quién sino tú, Virgo, tiene la capacidad de creer saber cómo es, quién es y qué debes hacer para llegar a esa perfección. Aunque no exista. Virgo debe poderse decir, por lo menos una vez en su vida: "Yo tengo esa pareja perfecta", y qué envidia te tendremos todos.

> *Uno está enamorado cuando se da cuenta*
> *de que otra persona es única.*
> —Jorge Luis Borges, Virgo

Ayudar es innato en tu ser

A Aries puedes ayudarlo a arriesgar su entrega, y a Tauro lo ayudas preservando su poder seductivo. Ayudarás a Géminis enseñándole nuevos gustos eróticos, y a Cáncer recitando palabras que enloquecen. Con Leo, será fácil, ayudándole a reconocer sus punto G. Virgo a Virgo siempre se encuentra ayudándose a ver quién siente más, y con Libra uno ayuda con la presencia del otro. Con Escorpio determinarán quién debe ayudar a quién y para qué y a Sagitario lo ayudas analizando el cómo hacerlo de nuevo o mejor. Capricornio y Virgo se ayudan reconociendo que el agua siempre toma su propio nivel. Virgo ayuda a Acuario haciendo hasta lo inimaginable, y con Piscis, la ayuda surge con lo razonable, que al hacer el amor no existe, por lo tanto, no se enreden en detalles.

El verdadero amor no es otra cosa que el deseo
inevitable de ayudar al otro para que sea quien es.
—Jorge Bucay, escritor y
psicoterapeuta argentino

Café y algo más

Dicen algunos que el símbolo de Virgo representa los genitales femeninos. Esto, dicen, también significa la castidad en las relaciones sexuales manifestadas y realizadas (no te asustes Virgo) por el hombre en su presentación sin impurezas. Sublimado. Por lo mismo, tu color es café. Todos los tonos. Desde el rojizo del amanecer hasta los colores de la tierra y las cortezas de los árboles. El orden y algo sutilmente convencional lleva la frecuencia de este color, tan necesario por su efecto estabilizador.

Nota, Virgo, que justamente el chocolate, el color tierra y el café, se consideran como el dulce que reduce la ansiedad, estimula el placer y aumenta placeres sexuales por estimular la expansión de la dopamina que, al entrar a los centros de bienestar relacionados con el orgasmo, aumentan ese delicioso sentir.

No es coincidencia que el color café también esté ligado directamente a tu elemento, la Tierra; algo que te mantiene arraigado al sentido común. Tu tierra es un jardín fructífero, cosechable, dado todo el trabajo meticuloso que le has dedicado. Ahora, por qué no transformar esta tierra en algo deleitable, ¡en tu propio jardín del Edén!

Detalles de tu sexualidad

La necesidad es un rasgo objetivo de todo el universo.
—Hegel, el filósofo Virgo para
la filosofía de Virgo

Y posiblemente esa necesidad tiene que ver con la permanencia. Para eso, todo se reproduce. Una y otra vez. Así Virgo, cuando hace el amor, se reproduce metafísicamente. Y también así las estrellas nacen como mínimas reproducciones del Big Bang en viveros estelares. Así, todos —hombres, mujeres y estrellas— cuando se reproducen, producen seducción y erotismo a la vez.

> *La mayor declaración de amor es la que no se hace;*
> *el hombre que siente mucho, habla poco.*
> Platón (427 a.C.–347 a.C.)
> Filósofo griego.

Pero Virgo no hace el amor por necesidad reproductiva tanto como por necesidad. Necesidad de sentirse vivo, acompañado, amado y presente. Es algo casi químico en su ser. Parte de su modo de pensar, necesidad corporal y fisiológica, para sentirse uno con el gran mundo. Porque Virgo se sabe solo. La inmensidad del Universo y su ser, en su mundo. Hacer el amor y disfrutarlo es la gran conexión anímica que despierta el guión de su propia vida. Hacer el amor es una experiencia tanto científica como sensual, deliciosa y necesaria para Virgo. A tal grado, que cuando le "va mal", puede sufrir de males del estómago, del esófago y hasta constiparse (algo que, igual, les sucede con bastante

La vida de César Borgia (quien sirviera de modelo a Maquiavelo para su libro *El príncipe*), las lecturas de Tolstoy (máximo escritor sobre las relaciones humanas), los misterios de Agatha Christie, las obras de Jorge Luis Borges, las pinturas de Ingres y la música de "Los planetas" de Gustav Holst, pueden aportarte ideas novedosas para entretener a tus seres amados y, aunque esto parezca fuera de contexto, es importante que sepas que tu mente va por delante de tus ganas de sexo. Casi siempre.

frecuencia). Desde hace miles de años, el sistema digestivo, los intestinos, la vesícula (que libera la bilis), además del sistema nervioso, es lo tuyo Virgo.

Habrán momentos en que el dolor físico o mental pueden aseverar tus ganas de tener relaciones sexuales. Como si fuera una descarga demasiado necesaria. Porque si alguno de los doce signos del zodíaco podría hacer el amor como un acto sagrado o un ritual que te acerca a Dios, sería el tuyo. Una de las razones es la cercanía de Mercurio (planeta que rige tu signo) al Sol. La portentosa estrella que nos permite vibrar y vivir.

Y, a la vez, Virgo es extremadamente servicial. Virgo necesita encontrarse con la pareja ideal para desplegar toda la perfección y el placer que puede dar y sabe recibir. Hacer el amor, para Virgo, es una necesidad lógica. Y, cada vez que lo hace, se reestructura y brinda una novedad, aunque sea controlada a su gusto. El amor embriaga, hechiza e impresiona a Virgo, quien a veces no sabe todo lo que puede amar hasta tener a la persona adecuada en sus brazos. Virgo, sin amor, se retiene, controla, disciplina y domina. Pero su función es percibir, analizar y descomponer para componer.

Amor animal a lo Virgo

Virgo, tú debes tener una mascota en casa, ¿no es así? ¿Un gato? ¿Un perro? ¿Un loro? ¿Una tortuga? ¿Una víbora o un caballo? Te digo esto porque tu *animalus eroticus* nada tiene que ver con algún animal en sí, sino que con el modo en que amaestras tus relaciones, de todo tipo, antes de comenzar a tener relaciones sexuales. El gozo amistoso de ideas y de la parte purificadora de tu signo tiene que llevarte a un dulce, muy dulce despertar. Así aprenderás, a fuerza de mirar o imaginar a tu animalito en el acto de coito, la importancia de las relaciones entre los machos y las hembras, para poder luego gozarlas sin temor. Así también, al hacer el amor, tus relaciones te darán lo que necesitas. Virgo razona y reflexiona. A veces, demasiado. Y si pudiera tener un unicornio, sería lo perfecto. Pero un unicornio en casa está difícil. Por aquello de su inexistencia y el excremento que dejaría por todas partes. El unicornio es el único animal (¿imaginario?) que no fue concebido a partir del miedo. Es feroz, bueno, abnegado y solitario. Aparece en todas las leyendas del mundo y vivía (nos han dicho) en el Edén. El emperador chino Fu Hsi hace 5.000 años vio uno, y en las cavernas de Lascaux, Francia, hay un unicornio pintado en una de las paredes. El unicornio de Virgo sería una mascota suya, tuya, que te amaría sin condiciones y te seguiría por todas partes. Haría como que te defiende, y de este podrías aprender lo que otros no sabrían enseñarte. Así, el encuentro del ser amado, la conquista y el dulce compartir, no requerirán un nuevo aprendizaje. Y, para rematar, tanto Julio César como Alexandro Magno, Genghis Khan y Confucio, dijeron alguna vez haber visto uno.

Kama Sutra: Tu posición ideal

Al practicar esta posición del martillo y el clavo (la cabeza es el martillo y el clavo es la pierna) se pueden lograr tantas sensaciones distintas como virtudes antiguas. La simpatía al mirarse a los ojos y sonreír, la prudencia al acariciarse, el

tacto al sentir tanto por dentro como por fuera, la habilidad de experimentar sensaciones variadas, el ingenio creativo y el gusto por el arte, más, amor por lo bello. En sánscrito, Virgo significa Kenya, el único signo portador de los seis puntos de la fuerza máxima de la naturaleza que te permite el fuego creador, la energía intelectual, mensajes cerebrales, voluntad y poder del pensamiento. Y, como dicen que Virgo es el porvenir, puede ser que todo esto te permita llegar al éxtasis máximo, permitido por los astros, lo cual hará necesario que todos tengamos alguna vez una noche de amor con alguien de tu signo.

Aprendemos a amar no cuando encontramos a la persona
perfecta, sino cuando llegamos a ver de manera perfecta
a una persona imperfecta.

Sam Keen, escritor, profesor
y filósofo americano

Esta frase resume la fuerza y la debilidad de Virgo, que cada vez que hace el amor se supera. Analizando el cómo y el porqué, Virgo puede llegar a encontrar los mágicos caminos del amor que lo llevará al éxtasis total, de manera segura y firme, como si viera o sintiera el fluir de sus propios misterios sexuales. Y para regresar a eso de la pureza y el signo Virgo, no olviden que el padre de Jesús era carpintero. Analizándola, la frase tiene que ver con controlar la vida de uno mismo, y en los negocios significa "llegar hasta donde uno pueda", con buena resolución y, en el caso de *El sexo y las estrellas,* con buen apetito carnal.

Tu astro sutra

Sabes transformarte para conquistar todo lo quieres, o para estar con quien deseas. ¿Pero sabes entender cuando alguien hace lo mismo? Suave la noche. Suave el amor. Suave el momento de hacer el amor. Así, deja de preocuparte y goza el momento. Un show en vivo y en directo es lo que necesitas mostrar. Y recuerda siempre que tu signo en el mundo antiguo representaba todas las virtudes. No te duermas en tus laureles.

Virgo en pareja

Virgo selecciona a Aries

Ayyy, pero no me lo digas...

No se puede decir Virgo sin pensar en lo virginal. Pero con esa palabra, comienza toda historia nueva, por lo tanto, Virgo tiene aún algo de más que cargar en su heroico signo. Y a la vez se podría decir que tiene algo extra que dar y repartir. Moralismo y metodología entre uno y otro amor, que llegan de vez en cuando a suceder bajo las sábanas. Virgo y Aries despiertan un destape personal, un "No sé que me haces, pero ayyyy cómo me gusta". Eso sí, Virgo, tienes esa capacidad para sacar cierta agresividad de vez en cuando, sin pensar, y eso, cuídalo. En especial cuando haces el amor. Date el tiempo para complacer un poco más al Aries en cuestión, y si es amor apasionado, déjalo gastarse (cada vez) hasta la locura, para que Aries entienda que el amor contigo es algo esplendoroso.

Virgo toma a Tauro

Déjate, déjame... encuentra tu singular sensualidad

No crean que esto es igual a Tauro tomando a Virgo. Todo lo contrario (ver la página 36) y es importante tenerlo en cuenta para reconocerse y gozar como se puede y se debe. Virgo, escogiendo a Tauro, instintivamente entiende que puede caer en la aridez sentimental o alguna extraña manera de formalismo algo obsesivo, lo que en realidad es totalmente negativo para todo Virgo. La razón no es muy complicada. Ustedes, los Virgo, tienen la capacidad de convertir su gran inteligencia en un especie de dureza moralista en lugar de usar su genial sensualidad constructiva. Y sí, la sensualidad puede ser sumamente constructiva o pueden convertirse, las personas de ambos sexos en variadas relaciones, en presumidos, intolerantes o simplemente capaces de apagar el erotismo de quien tengan enfrente por no ceder. Aquí podría entrar en juego lo que decía el gran Einstein "Lo que importa es el misterio". Virgo, no olvides que dejar que la piel dulce te embriague es algo que te hace mucho bien.

Virgo posee a Géminis

Siempre hay una nueva razón válida

Esta combinación debería ser bien divertida, en especial para Virgo, a tal grado que me permito sugerirles que, de no haber sido así, se den la oportunidad de comenzar de nuevo. Si tienen oportunidad con la misma persona, buenísimo, y si no, de la misma manera pero con aún más pujanza. Y eso de *pujanza* puede ser tomado o usado como si fuera brío, ánimo o donaire. Hasta con pujanza física si se atreven a usar algo de algún objeto del *marketing* bien empleado. Ahora que si todo salió como planeado, o hasta mejor, con buen alboroto y contentos los dos, tu ruta está bien trazada y debes propagar tu método sin vulgarizarlo. Yo te diría: ¡Enhorabuena!

Desde hace miles de años existen los condones. Los Egipcios los dibujan en sus pinturas sobre paredes de pirámides, y un tal Dr. Condom, de la corte del Rey Carlos II de Inglaterra inventó un artefacto servible. "El traje inglés", le decía Casanova. Hoy día, Durex hace preservativos de sabor a fresa, naranja y plátano… los que más venden. Y para garantizar que funcionen, son puestos a prueba, resistiendo más de 40 litros de agua. Las variedades son muchas, y su uso evita riesgos por inconsciencia.

Virgo se inflama con Cáncer

No te quejes, y tu alma sanará

La posición de la Luna en cada carta astral es importante para entender y acomodar el bienestar emocional. Virgo puede encontrar su media naranja bajo este signo sensible, a veces hasta sin darse cuenta, pues ambos andarán con pies de plomo y cuidadosamente al comienzo. ¡Luego vendrá la gran sorpresa! Y Cáncer es quien tendrá que poner más de sí, para entender todas las complicaciones de Virgo. Virgo, al escoger a Cáncer, está instintivamente buscando la perfección, seguramente sin darse cuenta. Y esta combinación resalta el hecho de que Virgo está bien comunicado con sus propios instintos. (A Virgo le cuesta trabajo admitir sus propios errores.) Con Virgo y Cáncer, la mitad de toda batalla ya está ganada y simplemente tendrás que adoctrinarte (Virgo) con eso que los franceses llaman el *laissez faire* que equivale al mexicanísimo *ahí se va*, mejor conocido como "dejar suceder lo que sea para seguir en paz". A veces, eso nos ayuda a amar con mayor soltura.

Virgo se apasiona con Leo

Todo está en que quieras

Leo podría dejarte en tal estado que necesitarás tiempo para recobrar tu camino o tu propio andar. Y esto a la vez, no debe serte difícil, o por lo menos puede serte más fácil que a los demás signos del zodíaco, siempre y cuando seas lo suficientemente sincero o sincera contigo mismo. O, un poco más audaz de lo que acostumbras. Sé que puede dejarte un pequeño dolor perfumado cuando aprendes a ser menos exigente, puesto que la perfección es una búsqueda innata en tu ser. Pero ser menos intolerante, intransigente, y aprender a ser más ecléctico, es algo que Leo puede ofrecerte. Aquí tambien, leer algo erótico o poner en uso algún artefacto divertido podría ser de gran ayuda. Así, amaestrarás tu propia líbido para llegar a soltarte el pelo al desnudo. Tu empeño será tu gloria, porque una buena historia de amor o de sensualidad inesperada, bajo cualquier circunstancia, mejora tu vida al momento. Todo está en que quieras.

Virgo con Virgo, ante su propio espejo

Las estrellas son fábricas nucleares como las hormonas que guían nuestros pensamientos

Lee, Virgo, todo lo que puedas sobre ti. Entérate de cómo te miramos. Apréndetelo de memoria y, de ser posible, aumenta los conocimientos de los astrólogos y las astrólogas enviándonos tus pensamientos, pues de ti siempre habrá algo más que aprender. Las experiencias ganadas al tener contacto con el mundo fuera de *tu mundo* siempre harán que tu mismo u otras personas (si las incluyes en tus pláticas), aprendan y entiendan que tus dimensiones son más de tres. Conocemos cuatro (la primera dimensión, una línea; la segunda, un cuadrado; la tercera, un cubo; y la cuarta, el tiempo). Especialmente cuando dos Virgos están juntos. Porque así ellos se sitúan en un momento preciso en medio del universo, definiendo así "su momento cumbre". Éxtasis y complacencia. Déjense llevar por ese mismo tiempo, con pasión o con las pasiones que se le atraviesen en esa dimensión desconocida para así poder llegar a llenarse de un pozo íntimo de sabiduría carnal, de cachondez, de goce, para la felicidad de ambos.

Virgo escoge a Libra
Organízate para que cada vez sea mejor, hasta saciarte
Virgo escoge a Libra, pero si antes lee las memorias de Casanova, se hará un gran favor. Pues alguno de los dos tiene que ser considerado como el mejor seductor de su cuadra, barrio o ciudad. ¡El hombre X por excelencia! Mujerón, pues. Debes aquí, Virgo, tomarte el tiempo para aprender aún más sobre el bello arte de la seducción. De lo contrario, pierdes la gran oportunidad de gozar cada vez más cuando el amor te alcanza y despierta tu libido. Olores, sabores, simetría y mucho atractivo físico entran en juego cuando ambos se miran, se conocen, se juntan. Y si aún no has gozado con lo antes mencionado, vives en el error. Triunfar no debe serte demasiado difícil, si cejas lo tuyo y mejoras lo presentado. Cada día deberías disfrutarlo como un nuevo amor, como amar diariamente de manera novedosa. Escoge tú. Libra sabrá dejarte.

"El perfume que tu exhalas me invita a navegar". Cántalo.
Recítalo. Aprende a gozarlo.

Virgo prefiere a Escorpio

Activarse hasta saciarse, para sentirse saciado

Cierra los ojos. Imagínate la mejor escena de amor vista,
leída, en toda tu vida. (La mía es cuando Jessica Lange se
mete vestida a la tina con su marido, Albert Finny, quien
goza, y quizá es algo bien personal.) Tu versión puede ser de
una película, imaginada, soñada y aunque fuera invento de
un artista, no importa, es la tuya, personalmente tuya. Ahora,
da por hecho, que esta pareja es una combinación de Virgo
con Escorpio. Un signo podría representar la bruja y el otro
el ombligo chupado. Escorpio siempre le pone algo de magia a todo. Virgo sorprende. Virgo escoge a Escorpio porque
necesita, en el fondo, un buen zarandeo para despertarse y
entender las delicias del amor apasionado, desenfrenado. Así
Virgo puede permitirse buscar o pedir más, más y mucho
más. Así Virgo se atreve, algo que le va como anillo al dedo
y pocas veces hace. Precisamente lo que Virgo necesita para
dejarse llevar es gozar el momento escogido y amar de tal
manera que cuando sonríe en secreto recordando lo que
hizo, le digan "No te conocía esa sonrisa tan seductora".

Virgo agita a Sagitario

El sabio es más fuerte que las estrellas

Las cosas se complican para que finalmente, después de pasar por un laberinto de soledad muy personal, Virgo aprenda

a tomarse menos en serio de lo que cree ser. Un poco más serio en sus intentos, y con un aire seductivo que románticamente podría mejorarlo todo, siempre agrada. Pero mira, Virgo, Sagitario es un signo que se da. Aunque no lo tenga planeado. Se divierte mental o físicamente, de lo contrario, no le interesa tu juego. Y Virgo debe respetar las metas de alguien que lleva un signo a cuestas, que es mitad animal y mitad hombre. Aquí las edades poco importan y la lección puede ser infinita. El hecho es que al haber escogido a Sagitario, algo en tu destino puede cambiar porque llevan una gran suerte que puedes entender al tenerla o al tenerlo en tus brazos. Sobre todo si exploras todo lo que te ofrecen, cosas que pueden abrir tu mundo y refrescar tu complicado ser.

La astrología nunca debe pretender decirte qué hacer. Debe mostrarte lo que puedes hacer para que tú, por tu parte, le pongas la debida cantidad de energía al hacer.

Virgo erotiza a Capricornio
Red de dominio

La verga o la vagina es lo que necesita presentar Virgo si debe erotizar a Capricornio, signo que por lo general no entiende el porqué de esta atracción. Y la atracción existe desde tiempos antiguos, mágicos, cuando Mercurio era Hermes y volaba por el aire esquivando el tiempo del gran Saturno, quien creía dominarlo todo. Existe un método de adivinación llamado *dawah* que viene de la sabiduría islámica. Por alguna misteriosa razón, cuando Virgo escoge a

Capricornio, abre su alma, prepara su espíritu y puede recurrir a este antiquísimo método para llegar a entender a este, el más serio de los signos astrológicos. *Dawah*, en su explicación más sencilla, significa invitar, entender cómo hacer todo un poco mejor. Y uno de los dos tiene que ser quien domine. La combinación es magnífica, pero necesita un poco de misterio para seguir adelante. La práctica se basa en unas reglas muy precisas tomadas de la relación entre atributos divinos, cifras y los cuatro elementos, más los planetas y su lugar en el cielo. Todo esto conforma una gran red de dominio. Esto no significa que necesites mucho tiempo para seguir en la búsqueda del amor perfecto con Capricornio a tu lado, pero sí es menester que tengas presente que en cada acto de amor, como en cada amor, hay cierto misterio que seguir. No dejes de amar a Capricornio, ni dejes de hacerle el amor sin haberlo encontrado. Aquí la cuarta dimensión es tu arma fuerte. Y, alabado sean los dos.

En Australia existen unos animalitos que viven solamente once meses. Su vida dura eso. Al mes de haber nacido, comienzan a copular y siguen desenfrenadamente hasta que mueren. Algunos veterinarios especializados en estudiar hábitos sexuales de animales creen firmemente que mueren "de tanto hacer el amor en forma gozosa". Cien o mil veces al día.

Virgo enloquece a Acuario

"Describir la felicidad es disminuirla".
—Stendhal

El *trasgo* es un duende juguetón de la mitología asturiana quien puede meterse debajo de tu piel para que tengas la oportunidad de desmantelar tu pureza sexual y comenzar tu vida erótica con brío. Si así fue el encuentro entre Acuario y Virgo y puedes decirte honestamente, "No sé qué me pasó", "Enloquecí tanto", o algo parecido, todo va bien, y aunque tengas queja, sigue amando. Adaptable, muy adaptable tendrás que ser en lo que al sexo se refiere cuando lo que tenía que pasar pasó bajo los efectos eléctricos y eclécticos de Acuario. Probablemente Acuario te haya escogido, aunque tú creas lo contrario. Ramakrishna Shiva (a veces aparece con un tercer ojo, relacionado con el deseo), Achtland, Agus Og o en quien creas, de quien sepas o a quien le reces, son menos fuertes que Acuario, hermano de trasgo. Así que traes el deseo en la sangre, y mejor para ti. Espero que bajo las sábanas, o en algunos momentos de tu vida, siempre te acompañe, que buena falta te hace para hoy, mañana y todas las semanas que vengan.

Existen un sin número de dioses y diosas del amor. Todos y todas, en algún momento, han dado buen resultado, si se les pide como se debe. Achtland, de origen céltico, amor desenfrenado. Aine, diosa irlandesa del amor. Afrodita, diosa griega del amor, la fertilidad y la belleza. Backlum

Cham, dios maya de la sexualidad masculina. Eros, dios griego de la pasión. Ichpuchtli, diosa azteca del placer. Kurukulla, dios tibetano de la riqueza en el amor.

Virgo seduce a Piscis

El encanto es un atributo sexual

Los signos opuestos frecuentemente se encuentran porque están a la búsqueda de profundizar su propio ser, como el *yin* y el *yang* chino: el todo con la interacción de dos energías. Y ustedes se complementan sin buscarse complicaciones, sin saber por qué. Pero ahí están, y ambos se hacen el favor al permítirselo. Para ambos, hay un mensaje importante: valorarse y, como complemento, hacer mucha reflexión. El sexo, por lo general, se aprende en la calle (es decir, fuera de casa) y, por lo tanto, nunca está totalmente resuelto. Siempre hay más por aprender, o dejar ser, o mejorar y entender. Debe haber hambre de complacer entre ustedes y la posibilidad de hallar un nuevo encanto en sí, y en la persona Piscis que tienes a tu lado. Nada de dominio, pura calidad. Aproximaciones estratégicas corporales. Despliegues con propósitos intrínsecos. Estas son frases que no tienen mucho que ver con hacer el amor, a menos de que sea entre Virgo y Piscis. Ellos encontrarán el modo.

Parejas famosas

Tres de las mujeres más bellas del mundo son de signo Virgo: Sophia Loren, Ingrid Bergman y Greta Garbo. Sophia Loren y Carlo Ponti vivieron una historia de amor como la que quisieramos vivir tú, yo y el chismoso de enfrente. Y lo que les sucedió, le sucede a Virgo con frecuencia. Virgo sabe encontrar un amor eterno, pero he tenido a varios Virgo en consulta quienes me dicen: "Es el amor de mi vida, pero no puedo vivir con él o ella". Así que al amar a Virgo, ¡cuidadito! Cuando Ingrid Bergman dejó todo por irse con Roberto Rossellini, las mujeres del mundo la apoyaron, quiza soñando ser ella —quién no quisiera despertar entre los brazos del brillante *roi soleil*. Y, por último, recuerden a Luis XIV (Virgo), quien supo qué hacer cuando nadie miraba para dejar a su amada del momento soñando con ángeles seductores. Virgo siempre sabrá lo que tiene que hacer, aunque no lo haga.

Libra

encanta

(*23 de septiembre a 23 de octubre*)

Uno propone y Dios dispone
—Dicho popular mexicano

¿Te abruman por momentos las ansias, o la alegría te embriaga de vez en cuando, aparentemente sin ton ni son?

¿La sensualidad ineludiblemente te convierte en indulgente?

¿Pareces refinado y consideras la pasión un objetivo?

¿Venderías un pedacito de tu propia piel por una noche de amor perfecto?

¿Tienes el don de encantar, complacer y buscas por lo general el justo medio, menos cuando haces el amor?

Di que "sí" a las preguntas, aunque fuese tres veces, y te consagras como Libra, o como alguien con tantos planetas en Libra que el amor que das y recibes es exageradamente placentero.

Ser Libra

Volátil y difuso, siempre listo o dispuesto para expandir tus experiencias. Tu *yo*, versus el *nosotros*, es tu cruz y tu existencia. Y aunque no estés de acuerdo, como individuo, siempre te manifestarás completa y enteramente por medio, a través o recordando a la pareja. Sin pareja, pierdes. Tus días se llenan de placeres o de agravios. Es decir, las personas, los objetos, las ideas y tus emociones se llenan de una cosa u otra varias veces al día y toda una red de acuerdos, ataduras, lazos y vínculos ocupan tus horas. Muchos deben envidiarte. No hay remedio. No es que seas mejor amante, mejor amada o amado o que tengas un secreto bien guardado en salva sea parte, es que Libra tiene el don de estar siempre a la busca, y como dicen desde siempre: *El que busca, encuentra*. Y libra *siempre* encuentra; en este caso, con quien compartir sueños, noches de amor o algo para recordar.

Edison Arantes do Nascimiento... metió más goles inolvidables que amores imaginarios. Así, las piernas de Pelé o las de casi todo futbolista hacen respirar o sudar a las millones de mujeres que los ven mientras corren por el campo de juego. Dicen las que saben, que son los amos también en la cama… Envíen mails cuando se enteren, por favor.

Libra frecuentemente encuentra a quién amar, y para Libra sentir gozo al amar y amar pueden ser una y la misma cosa. Dure lo que dure, siempre recordará ese momento cumbre, cuando su cuerpo se estremeció, porque eso ayuda a Libra a "ser".

Para Libra todo debe tener pareja, o llegar de dos en dos. Porque bajo toda circunstancia, mejor mal acompañados que solos… para Libra, siempre.

Sensualidad, mente y espíritu

Libra podría haber sido el maestro de los *muria*, grupo de individuos del centro de la India a quienes se les envía a temprana edad a las casas comunales llamadas *ghotuls*, donde los jóvenes, hombres y mujeres, conviven un tiempo. En esas casas, si un joven duerme más de tres veces seguidas con la misma persona, se lo castiga. Ellos consideran que guardar la energía sexual no es natural y hace daño. Necesitan sentir el cambio en su cuerpo, mente y alma. Cambiar es bueno, para la vida en general.

Gandhi —dicen— en una época de su vida dormía con catorce vírgenes para poner a prueba su propio celibato.

Gandhi era de signo Libra, y esto nada tiene que ver con implicaciones de infidelidad ni de amores peculiarmente eróticas ni anormales. Libra es escapista, como los magos, pero los magos siempre tienen trucos. Es importante que Libra entienda que su autoindulgencia le permitirá siempre creer que debe hacer las cosas que siente. Esto hace feliz a unos y, a su vez, infeliz a otros.

Javier Bardem y Penélope Cruz, en la película *Vicky Cristina Barcelona* encarnan a dos personajes que se aman, se gustan, hacen el amor aunque ya hayan terminado su eterna relación. Estos personajes podrían ambos ser Libra con su papel de seguir y seguir y seguir haciendo el amor sin pensar en la tercera persona que ambos quieren. Sabemos que en la vida real, Bardem es Piscis y Penélope es Tauro.

Curiosamente, Libra tiene el don de manipularse de tal modo que al fin y al cabo, casi siempre, todos quedan contentos. Porque sí. Porque así es Libra. Y Libra ve en cada persona a alguien que podría enseñarle un secreto erótico, apasionado o sensual. Sabe convencer de que en la punta de su lengua está un poema de amor escrito para la persona que tiene a su lado, y que eso viene acompañado con otra posibilidad… un encuentro voluptuoso. A Libra le fascina fascinar, aunque sabe también quedarse callado o callada con su fantasía, porque para Libra, toda relación encierra una promesa de lo que podría ser, lo que pudo haber sido o lo que (con ayuda de Venus, el planeta que los rige) será. Hoy fue lo mejor… y mañana es otro día. Libra, atrevidamente, goza sus fantasías.

Todo en equilibrio

Los verbos estar y ser se encajan entre Libra y Escorpio, (el signo que le sigue en el zodíaco). Ambos se encuentran relacionados a estas palabras. Pero equilibrio es la palabra clave para Libra, aunque liberar sea su verbo complementario. Cuando hace el amor, Libra busca algo más, para que siempre esté presente la satisfacción y el placer, el equilibrio ideal.

La estación del año babilónico llamada Zibanitu (época del año durante la cual se pesaba la cosecha y se pagaban los impuestos) es lo que, según la tradición, le dio el nombre al símbolo de Libra. Una balanza. Y así como los ojos del hombre se encuentran situados en el lugar adecuado para ver, parado como lo hacemos sobre nuestras piernas, (porque la naturaleza es sabia), equilibrar sus actos, sus amores y sus deseos es con lo que tiene que lidiar Libra.

Celeste celestial

Los colores de Libra son los colores pastel; en especial los azules claros como celeste y turquesa. Los colores de nuestro mundo no son un azar. Existe una teoría del color y hombres como Newton, Goethe y otros estudiaron y explicaron los efectos psicológicos de cada color. El celeste del cielo tiene que ver con la profundidad del alma, la confianza, la verdad y lo celestial.

Venus Afrodita es tu Venus. La que ordena que "haya amor y se haga el amor", la que rige el deseo y la atracción. La palabra *deseo* viene del latín y significa *de un cuerpo celeste*. Los astros, siempre están presentes cuando aparece el deseo.

Libra, siempre a la búsqueda de lo que balancea con perfección, se calma con azul. Y Libra, calmado o calmada, es un amante verdaderamente celestial, así que piensa en sábanas celestes para tu cama del amor.

Detalles de tu sexualidad

Las aventuras que me encantan son las intensas, las que me queman por dentro.
—Brigitte Bardot (Libra),
actriz francesa

El planeta Venus te entrega siempre la posibilidad de lidiar con ambos sexos. Aunque la balanza, tu símbolo, no debe ser tomado en cuenta como algo de partes iguales, sino como lo que el espíritu, el tuyo, necesita para encontrarse a través del acto del amor. Por eso y para esto, explorar todos los recovecos que existen al hacer el amor es necesario. La seducción y la estimulación erótica que anteceden al acto sexual son de tal importancia que puedes quedarte allí y sentirte pleno o gastada, aunque, por supuesto, no es lo más indicado. El deseo de una mirada llega muy lejos para ti, Libra.

Recuerda siempre que eres del elemento aire, y la comunicación es importantísima para que la relación sexual tenga todo lo que sueñas tener. Saber lo que estás sintiendo es punto y seguido, y saber que él o ella sabe lo que tú quieres, también. Tu sexualidad tiene que ver con lo que ves y piensas tanto como con lo que sientes. Venus te lo exige y tú lo sabes lograr.

Libra es el único signo del zodíaco que es de origen eufrateano, es decir, que su declaración como constelación viene de los romanos. Se le llamaba hace miles de años Tul Ku, que quería decir "altar sagrado". Julio César mandó a hacer el calendario juliano y los astrónomos de Alejandría, a quienes había mandado llamar, pusieron en sus mapas estelares la figura de César, deteniendo la balanza. Una vez muerto César, quedó solo la balanza. Pero esa misma balanza aparece en varias civilizaciones mostrando a Libra (o los nacidos en esa época) como quien pesa el alma de los muertos, para ver hacia dónde siguen su camino.

Libra no tiene un ego, ni dos. Tiene tres. Por lo tanto, puede darse siempre tres oportunidades al hacer lo que le complace. A la vez, Libra, tendrás tres oportunidades para que otros no te influencien demasiado si logras ver claramente como buscar tu propio medio ambiente y respetarte adecuadamente.

En el amor, haciendo el amor o prometiendo hacerlo, Libra siempre sabrá encarnar esa promesa de amor, sea alto, bajo, deportista o intelectual, rico, pobre, famoso o desconocido, pónganle el adjetivo calificativo que quieran. Con una mirada se puede hacer sentir a nuestro amado o amada Libra que ya nos dijo todo y que hacer el amor con nosotros es dicha total. Las palabras antiguas de un amante secreto, "Regresa así cada noche, para entrelazarte a mis sueños", es promesa cumplida.

Amor animal a lo Libra

El zancudo tiene más años sobre la tierra que el hombre. "No me molestes, mosquito" es una canción que aparece repentinamente en alguna estación de radio, y sin pensar, nos rascamos. Su ciclo de vida es de unas dos semanas, y tendrían la capacidad de acabar con la humanidad si no hubiera como erradicarlos. Los machos localizan a las hembras por medio de señales acústicas, pero en realidad sus hábitos sexuales no son tan conocidos como deberían serlo, porque saben mantenerse como especie de manera inigualable. La frecuencia del acoplamiento es impresionante, sus cambios de comportamiento son únicos (cuando van a copular) y los mosquitos machos cogen con la misma superfrecuencia sean estériles o no. Posiblemente sean los seres más lujuriosos del mundo, por la cantidad de veces que copulan. En Inglaterra, los científicos han logrado crear un mosquito con testículos verdes para despoblar el mundo de ellos. Su esperma de color verde fluorescente parece enloquecer a las hembras. ¿Será que cuando hacemos el amor con Libra vemos todos los colores? Es posible. El sexo está en donde menos lo esperamos, y en todas partes. Libra, está allí, para regocijarse con él.

Kama Sutra: Tu posición ideal

La posición del loto se origina en las meditaciones hindúes y con Buda, el fundador del budismo. Sentados en esta posición se respira mejor y se refuerza la estabilidad física. La flor del loto en sí tiene una trayectoria filosófica y esotérica antiquísima, que tiene que ver con la meditación, la interpretación de los sueños y la vida espiritual. Toda esta flor es comestible, y esto puede ser un franco empujón hacia el uso de la lengua y la boca al hacer el amor para Libra.

Amo la flor del loto, porque saliendo del lodo,
es la flor más pura.
—Zhou Dunyi, alumno
de Confucio

La flor en sí tiene la misteriosa facultad de regular su propio calor, igual que los humanos. Quizá por esto es importante, para Libra, tener en cuenta el ambiente en donde el acto del amor se realice. El ambiente es esencial. Y cuando todo cuaja, la dulce espera, el lugar, la persona, la temperatura y la magia del momento, hacer el amor puede esclarecer tu mente y tu espíritu, para bien de tus tres egos.

En el lecho, Libra puede atreverse a hacer cosas dignas de Casanova, Bocaccio y Sade, todos al mismo tiempo, en momentos perfectamente bien escogidos. Les gusta complacer, y en su vocabulario amoroso, palabras como *aliento, ansia, axilas, boca, deseo, culo, labios, lengua, olor, orgasmo, pechos, pene, pezones, susurro, lengüeteos, rica, suave, tibio, otra vez, sí, suavemente, junto, sobre, oh, ay, eso, ahhh,* toman otra dimensión. Y recuerden siempre, la posición de ustedes, la del loto, es precursora de muchas otras. ¡La dicha pura!

Lo único realmente terrible que puede sucederles a estos individuos Libra es no lograr aprovechar del gran barril sin fondo de sentimientos que poseen y que les permite sentir, vivir y gozar tantas cosas a la vez. Dicen que bien harían (quien se atreva siendo Libra) en probar con los doce signos del zodíaco. Hacer el amor, para Libra, (dicen) los liberará y vivirán durante el resto de sus días como dicen los cuentos de hadas: Unos felices hasta el resto de sus días y otros arrepentidos de no haber hecho más.

Libra necesita sentir que al hacer el amor se libera. Es esa la gran prueba de amor para ellas y para ellos, y es eso lo que hace que vibren, amen y aligeren su alma con cada orgasmo. Los riñones y la piel, así como las nalgas, son sus puntos débiles y fuertes. Esos son la parte del cuerpo que los ayuda a sentir, que deben cuidar y que pueden disfrutar o dejar que alguien los disfrute. Para Libra, el trasero de un hombre puede ser tan tentador como las nalgas de una mujer. Al hacer el amor en la posición de loto, si lo hacen debidamente, deben cargarse de una gran energía... energía que tu propio cuerpo sabrá guardar para seguir, para la siguiente vez, para que esto dure y perdure.

Tu astro sutra

Los hombres y las mujeres de tu signo frecuentemente son vistos como prototipos del amor, de la voluptuosidad, del *free love* y del equilibrio compensado. Brigitte Bardot. Marcello Mastroiani. Rita Hayworth. Matt Damon. Catherine Deneuve. Yo Yo Ma. Kate Winslet. Will Smith. Bruce Springsteen. Esperamos todos que tu encanto y poder de seducción continúe también después de hacer el amor.

Libra en pareja

Libra selecciona a Aries

La diversidad es una cualidad del espíritu.
—Montaigne

Escoger a quien tiene el signo opuesto al tuyo es tener muchas agallas, y significa estar a la búsqueda del verdadero "yo". De querer representarte como realmente eres y no como los demás te han dicho que "debes ser". Y puede ser que un momento parezca durar para siempre si no se encuentran bajo un intercambio exhaustivo de diferencias emocionales. Mucho mejor será si logran hacer el amor exhaustivamente, y encontrar esos deliciosos pasos que el cielo le permite a los que reconocen estar a la búsqueda constante de algo mejor. Si la astrología puede ser a veces comparada con las medidas climatológicas de cada región (en vez de las personales), Libra, al escoger a Aries, está haciendo lo mejor. Es buen momento para aprender algo particularmente importante con esta persona, y si continúas con tu intuición, por lo general, saldrás ganando y contenta, ambas cosas a la vez.

> Recuerda que el tuyo es el primer signo que aparece *sobre* el horizonte, y esto fortifica la necesidad innata de "estar con los demás". Por lo mismo, la idea de "nosotros" es tu némesis y tener pareja es de suma importancia. Es más, dicen los que saben que hasta tener la pareja adecuada, no encuentras ese amor sublime que sabes dar. Lo demás, vendrá por sí, con el lujo que mereces.

Libra toma a Tauro

Todos somos hijos de Adán y Eva

Sigmund Freud consideraba que la historia del hombre es la de su represión. Libra, al hacer el amor con Tauro, está comprobándose y comprobándonos todo lo contrario. Freud era de signo Tauro y tenía sus propias dificultades para hacer el amor como soñaba debía ser hecho, y no sabía que uno y otro (Libra y Tauro) llevan el mismo planeta para regular su coito. Lo único que podría enlutecer el encuentro, sería un coitus interruptus. Libra debe, con Tauro, regular solamente la luz bajo la cual puede mostrar sus encantos y las promesas con la alquimia en lugar de hacerlo con la cruda realidad. No debes olvidar que, siendo Libra y habiéndote aproximado al encanto de Tauro para satisfacer lo que sea tu santa voluntad, te estas librando de algo que debes compartir con Tauro. A la vez, no debes olvidar la cortesía, la tolerancia y la belleza del momento inesperado como clave de lo que tiene que ver con el acto en sí. El acto de hacer el amor, por supuesto. Pero por favor, no te olvides del erotismo, porque eso Tauro no te lo perdonará.

Libra posee a Géminis

De su talento ninguno hay descontento

Tonificar el cuerpo y la mente (sáltense el alma con Géminis) es lo indicado al emprender una lucha sexual, elegante, divertida y sin fronteras con Géminis. No tanto por su signo, sino por la combinación de ustedes dos. La lucha debe profundizarse y si el primer baile del chango no resultó, y no te sentiste a gusto, te mintió. No es Géminis. Porque Géminis y Libra saben amarse. O es un Géminis sin ganas de serlo (son los peores). Toma en cuenta tu postura (si no le gusta la del loto, hazle caso), el conocimiento de tu propia piel y tus formas, la facilidad del momento y las ganas de ambos para hacerse una especie de ecuación. Mucho depende de la calificación que se atrevan a dar para el examen, para luego pasar de grado (esto puede ser lo más divertido). Tomando

cien puntos como lo máximo, la calificación deberá servir-
les para mejorar, aproximarse, ponerse a tono, comunicarse,
provocar, encontrar, expresar y perfeccionar la vida sexual
que hasta ahora han conocido. Y no olviden, ambos, la diversión. Libra y Géminis pueden regalárselo.

> Venus rige tu signo y es, entre otras cosas, regente de las
> cerezas. Curiosamente, la cereza es el sabor preferido en
> ropa interior comestible.

Libra se inflama con Cáncer

Permítemelo y permítetelo

Cuidado, no sea que Libra escoga a Cáncer por rebuscar,
inventarse algo, conquistar lo que otros consideran difícil,
mas no por amar. Eros y Tánatos deben estar presentes a
partir de ese primer momento que te hizo escoger una persona nacida bajo la suave, delicada y complicada brisa de
Cáncer. Podrías haber estado buscando algo demasiado misterioso, y si esto fuera, es para mostrarle que no debe (Cáncer) controlar su erotismo, y Libra no sabe controlarlo. Lo
erótico lo traes como parte de tu propia persona, va con tu
ADN, en cambio, Cáncer frecuentemente necesita que se lo
digan y se lo hagan ver. Si tienes tiempo y ganas de ser
maestro, bien dijo el filósofo Plauto: "Aconsejar es casi ayudar". Libra, con Cáncer, está a la *recherche du temps* (búsqueda
del tiempo) y esto es difícil de encontrar porque tendría que
dejarse ir a tal grado que no pida nada a cambio. Recuerda
(lo repito) que el símbolo de Libra es una balanza que se
reconforta viendo el peso del alma de quien caiga en sus
brazos. Y son dichosos.

Libra opta por Leo
El azar es sólo uno

Aquí, entre ustedes, cuando Libra escoge a Leo, tiene que haber amistad. Y yo les aconsejaría que si no la hay, busquen entablarla antes de dar cualquier otro paso. Si no les es posible, por una u otra historia, por el tiempo o por algo que ustedes mismos se hayan contado, hablen, conversen, platiquen, porque de lo contrario puede la relación ser un simple desperdicio, rozando el desastre. Sería una lástima, porque ninguno de los dos necesita un fracaso. Y recuerda, Libra, cuando "caes", te gusta sentir que sus brazos te llaman y su boca desea la tuya. Estás de suerte, porque Libra escoge a Leo buscando reconocerse enamorado o enamorada, sin duda alguna. Venus y el Sol se entienden, si no se quedan callados. Podrían, entonces, disfrutar mostrando defectos personales al olvidarse de atavismos estúpidos. Y para esto, por qué no leer en conjunto algo como *El jardín perfumando*, libro que se escribió hace unos 400 años, o las líneas de algo que Libra ame y que Leo sepa escuchar. Y, si es un romance pasajero, te prepararás para aprender a disfrutar aún mejor, aunque creas que ya tú lo eres, digo, lo mejor.

Libra escoge a Virgo
¿Entrega total o entrega inmediata?

Los Libra, con Venus alentándole un buen amor, acoplado o acoplada con Virgo, están hechos para juntarse, aunque fuera para simplemente tomarse un café, o una copa más. Libra se hará un gran favor si puede agradecerle a Virgo el haberse dejado seducir. De alguna misteriosa manera, Virgo te facilita la vida, Libra. Aunque te cueste trabajo admitirlo. O posiblemente aún no te has dado cuenta porque aún la relación no avanza. Alguno de los dos podría darse por vencido, y sería un error. Ambos, haciendo el amor, van a sudar la gota gorda, porque alguno estará poniéndose a prueba. Cosa buena (con ritmo cubano), porque así se aprende. Después podrás decir que ya tienes una maestría en el asunto. Aquí estás pagando tus deudas esotéricas en lo que al amor se refiere, y sudar la gota gorda puede ser una frase tomada literalmente. Excelente. Así que la próxima vez que te encames con Virgo (ese, este u otro), no dejes de pensar que al hacer el amor debe uno pasarla bien. De lo contrario, hay aún mucho que aprender.

Libra con Libra, ante su propio espejo

La vida es un largo sueño

De Arcipreste de Hita, de su *Libro del buen amor*. La erótica historia de la seducción de Doña Eréndira, que aparece en *El libro del buen amor* del Arcipreste de Hita, y que está llena de actitudes satíricas y paradojas, no te dará demasiado que aprender, pero sería bueno tenerlo (el libro) en la recámara. Libra, a quien Libra escoge, busca perfección. Pero tengan cuidado ambos. Aunque sean Libra, la perfección es bien difícil de encontrar, por más que todo pareciera magistral, hermoso y admirable. No pasen demasiado tiempo en una mítica búsqueda. Para ustedes es preferible usar todo el tiempo que sea necesario para disfrutar del bello y erótico amor meramente carnal. Lo demás vendrá por sí solo. Podrían (Libra, quien escogió a Libra) poner el ejemplo de algo que muchos quisieran saber. Gozen para divulgar todo lo fantástico que puede ser el amor, sin tomar en cuenta el tiempo, las edades, los porqué, ni las preguntas. Libra así es libre.

Dicen que Libra es el signo que puede ser el más manipulador de todos. Dicen también que Libra es fabulosamente encantador o encantadora cuando quiere. Tener algo en tu recámara hecho por ti es señal, para Venus (regente de tu signo), de que sabes escucharla. Y ella siempre te recompensará. Pero esto, no se lo digas a nadie...

Libra prefiere a Escorpio
Sentir que el amor sí es una cosa esplendorosa

Libra sonríe, Escorpio se acerca. Libra da el primer paso, Escorpio prepara la cama. Libra cree poder amar eternamente, pero Escorpio ama la eternidad con cierta magia y las mejores lecciones que Libra puede aprender se las debe dar Escorpio, por puro instinto. Libra sabe que debemos ser almas libres, y Escorpio sabe que somos seres espirituales, y el dicho "Somos seres espirituales y la libertad es el derecho de cada alma para respirar" cuaja perfecta para está combinación amorosa. Libra, si estás con Escorpio y han hecho el amor sintiendo la dicha infinita de un orgasmo, y estás de acuerdo con la frase incluida en este párrafo, son unos suertudos. Libra, has escogido darle cuerpo y alma al signo que debería mostrarte cómo mejorar a cada instante, y así Escorpio deja que Libra entienda hasta dónde puede llegar. Es allí donde Libra muestra lo mejor de sí. Es más, podrías (Libra) escribir sobre el asunto, algo realista o un cuento de hadas, pero para adultos.

Libra agita a Sagitario

"Ainsi soit-il". (Que así sea.)

Estos dos signos se perciben. No necesitan verse ni conocerse a profundidad, y a veces, alguno de los dos aparece en la pantalla de una computadora. La atracción entre ustedes tiene algo de kármica, es decir, estaba destinada a suceder. Por lo mismo, Libra, cuando se te aparece Sagitario y te apetece, harás bien en tomarlo o tomarla entre tus brazos y bailar la danza más profunda del amor. Posteriormente, es posible que Sagitario crea que te soñó (son soñadores aparentes) y le quedarán muchas ganas de seguirte amando, hasta nunca jamás, haciéndote un juramento o una promesa que, como Libra, evidentemente no podrás ni creer ni cumplir. Guarda tu compostura y deja que las cosas caigan por su propio peso. Luego, recuerda la famosa frase de Paquita la del Barrio: "¿Me estás oyendo, inútil?" Libra, poco después, decídete y murmura suave y dulcemente, cada vez que estés con esta persona: *Ainsi soit-il*, frase un poco bíblica que significa "que así sea".

"Todo se reduce a nacer, copular y morir".
—T.S. Eliot, poeta y mi Libra
preferido

Libra erotiza a Capricornio

Es lo que es porque fue lo que fue.

Capricornio observa, y tiempo después accede al hecho pasando por trechos cómodamente trazados, una vez que ha decidido hacer algo. Su cerebro (de Capricornio) es un poco parecido al sistema digestivo de las vacas: pasa la comida (en el caso de las vacas) o las ideas (en el caso de Capricornio) por muchas etapas antes de que su cuerpo emplee o use lo que realmente le hace falta. Y Capricornio asume, casi siempre, responsibilidad total por sus acciones. Así que cuando Libra ha tenido la oportunidad de despertarse abrazado por Eros o Venus, encarnados en alguien de Capricornio, su despertar irá de menos a más, buscando encontrar cómo es que te encuentras con esta persona. Y Libra, siempre en busca de aumentar sus conocimientos (carnales, intelectuales o de simple gozo espiritual) podría escribir sus sentimientos en unas hojas de papel o en un bello cuaderno (Libra siempre debe usar objetos de buena calidad) para reencontrarse después y valorar lo que ha hecho, dicho o prometido. Esto te servirá *forever and ever* porque refuerza tu cambiante corazón. Como bien dijo Charles Dickens, "El hombre nunca sabe de lo que es capaz, hasta que lo intenta".

Libra enloquece a Acuario

Una casualidad de voluntades

Acuario toma sus decisiones basadas en su propia y muy subjetiva lógica. Esto puede aturdir a Libra, y cae tan fácilmente como un pez en el agua (que en realidad no cae porque los peces viven en el agua). Libra, crees que escogiste al personaje Acuario, pero por lo general Acuario es quién te escogió. Luego, Libra, puedes llegar a sentirte físicamente tragado, comido, engullido por Acuario. Esto te puede fascinar, como algo novedoso, y lo querrás repetir. Allí está la dificultad. Libra, podrías encontrarte buscando una especie de repetición de "esa vez", pero en vez de repetirla, para Acuario tendrás que cambiar cada vez. Así es Acuario. Ecléctico. Por lo mismo, no vayas a ocuparte durante demasiado tiempo en buscarle un sentido específico al asunto. Ya era tiempo de que te toparas con alguna pared (Acuario puede ser excelente pared para aprender a rebotar). Y, para ti, en el mundo sensorial de lo erótico, siempre es tiempo para algo. ¡Dichosos ustedes!

Libra seduce a Piscis

Adquiere maestría, o maestría adquirida

Ambas cosas suenan muy parecidas, pero definitivamente para Libra y Piscis, cuando copulan, hacen el amor, tienen relaciones sexuales o se van a la cama para conocer sus cuerpos desnudos, nada es igual. Aquí Libra debe encontrar de modo muy personal, como comprobar que todo tiene su lugar y que cada lugar puede ser útil. Nuevos patrones aparecen, y el cuerpo de este ser amado o usado no tiene reglas para gozar. Debe sorprenderte, si es que te dejas sorprender, y aparecen formas de poder que uno quisiera gastar en el otro o la otra. No todo acto de amor tiene que tener el mismo propósito y Libra, al escoger a Piscis y adquirir algo parecido a una maestría sexual, puede ser dócil o imponer sus gustos. Depende esto de la Luna llena, los aromas preponderantes y cualquier otra cosa sorprendente. Repentinamente cualquier cosa podría "prenderte". Y así, con suerte, seguirás conquistando, algo que va de maravilla con tu signo. Libra, tu propia naturaleza te nutre.

Parejas famosas

Libra siempre anda a la búsqueda del amor perfecto, algo que todos los demás sabemos correctamente que no existe. Por lo mismo, cuando Libra encuentra con quién acurrucarse en su visión de amor eterno, aunque al principio crea que durará *unratitonomás*, no puede despegarse. Bonnie y Clyde son un buen ejemplo. Él, Aries, ella, Libra, dispuesta a todo por amor, su amor perfecto. La naturaleza de Libra es ser complejo y parte de una pareja. Así es que se encontraron y se siguen amando (gran desafío en Hollywood) parejas como Susan Sarandon y Tim Robbins (ambos Libra) y Catherine Zeta Jones con Michael Douglas (también ambos Libra). El eros de Libra depende de la posición de Marte, y cómo gastárselo depende de Venus, regente y motivador de su signo. Por lo mismo, su sexualidad está siempre presente.

Escorpio
atrae

(24 de octubre a 22 de noviembre)

Hacer el amor no es consolación, es ver la luz.
—Graffiti

¿El sexo es algo que compromete tu alma cada vez?

¿Tu sarcasmo puede meterte en problemas?

¿Eres, o crees que eres, creativo, sagaz, ocurrente y original en la calle y en la cama?

¿Consideras que el sexo es algo delicioso y *tan* personal que no deberías estar leyendo estas líneas?

¿El misterio te complace a tal grado que hasta *lo oculto* te interesa, y algunas cosas te excitan sin que se lo hayas dicho a nadie?

Si has dicho "sí", o te has reconocido en más de dos de las preguntas anteriores, eres Escorpio o tienes la suerte de llevar ADN de este signo en tu materia cósmica. Desde hace miles de años a los nacidos bajo este signo les han dicho: usa la fuerza creativa para tus logros y la sed que nos hace tener ganas de beber, de tomar y de brindar para todo lo demás.

Ser Escorpio

La erótica y la mística son tus puntos débiles y fuertes. Y ya que la astrología no debe pretender decir lo que debes hacer, sino mostrar la calidad de tus cualidades para que tú le pongas las cantidades necesarias a tus asuntos y salgas ganando, no dejes de poner un poco de sensualidad diariamente en el bolso de mano o la billetera para usarla en cada uno de tus asuntos. Porque allí es donde eres el genio de la botella. El mago del montón. El fortachón. Y tu apetito sexual sabe excitarse según tus ganancias y necesidades, porque sabes conquistar según tus deseos, a tal grado que mientras haces el amor, construyes.

Plutón —el magnífico planeta, que hoy día dicen no es planeta— tiene que ver con la misión altruista de nuestras vidas. Es decir que Plutón, regente de Escorpio, afecta la predisposición con la que cada quien busca propósitos personales que, según cada individuo, valgan la pena. Escorpio brilla bajo los efectos del hechizo plutoniano, y su brillo se convierte en el deseo de Escorpio. De lo soñado a lo palpable. Por eso fascina.

Tampoco son los magos del erotismo, ni los dueños de parafernalias mágicas, ni tampoco significa esto que la pasan mejor cuando hacen el amor. Pero sí saben manipular con excelencia, y esto puede ser para el bien de ustedes, para su mal o para el deleite de quien esté a su lado. Ustedes son persistentes, penetrantes, visionarios y enérgicamente emotivos.

Existe una teoría sobre las doce épocas culturales de nuestro planeta; cada una (en un ciclo de unos treinta mil años) coincide con el despertar de algo especial y específico, relacionado con el signo de turno. En los tiempos de Escorpio (hace unos 14.000 años) el humano aprendió a relacionarse con el *conocimiento*, el *atrevimiento* y el *respeto* al silencio.

La diosa de la unión conyugal Selket, representada en jeroglíficos antiguos, portaba un escorpión de oro sobre su cabeza. Y dijo Minaraja, astrógolo emérito hindú del siglo IV a.C., cuando le preguntaron sobre este signo: "Al octavo, con forma de escorpión, se le llama la Región del Pene y del Ano del Señor. Sus dominios son las cavernas, los huecos y los hoyos, los venenos, las piedras y los escondites, las colinas de hormigas e insectos". No suena tan bonito, pero significa que a Escorpio todo lo relacionado con hacer el amor le va bien, si Escorpio va bien en sí. Pero, cuidado, tienen la capacidad suprema, nuestros amados Escorpio, de repetir lo

que una bella dama alguna vez le contestó a Casanova (él
Aries y ella Escorpio): "Señor, eso verdaderamente no fue
una penetración… yo esperaba más de usted". Mientras
tanto, bien haríamos todos en tener siempre a alguien con
este signo cerca, por lo que pudiera ofrecerse. Ellos y ellas
saben cómo complacer desde el fondo de su complicado
corazón.

Sensualidad, mente y espíritu

Cuando tú, Escorpio, estás en brazos de alguien, aunque no
sea precisamente tu ser amado (algo que por calientes les
suele suceder), aparece la pasión, y el hecho sexual en sí
permea la gran mayoría de los aspectos de tu vida —aunque
no pensaras en el acto en sí a todas horas. El signo, Escorpio,
está ligado con los órganos sexuales y, como dicen algunos
astrólogos modernos dentro de los que me incluyo, "los signos zodiacales, así como los horóscopos personales, se parecen a las radios descompuestas, atoradas en una sola estación,
específica de cada quién". En tu caso, Escorpio, serías la
WA-YO y cada horóscopo, o cada quien, tendrá el suyo.

"He has bedroom eyes", murmuró la sentenciada, mientras
describía a su nuevo amor en un ascensor público, diciendo
que tenía una mirada muy sensual. Y todas las mujeres presentes voltearon a verla, algunas exclamando *ohhhs* y

ahhhs, otras sonriendo y alguna que otra mirándola con cara de envidia. Él es un clásico Escorpio, que seduce con la mirada y las afloja con solo mirarlas a los ojos.

Curiosamente hay muchos políticos de envergadura con influencia de Escorpio importante: Disraeli, Lenin, Stalin, Mussolini, y Juana de Arco (ascendiente Escorpio). A ellos, el planeta Marte los puso en el camino de la fama, además de regalarles una buena energía, combatividad, deseo y agresión transformada. Algo que todo Escorpio sabe amaestrar y poner en el lugar adecuado cuando encuentran con quién tener relaciones sexuales, aunque NO sean objeto de su amor, sino de su deseo. Toda una letanía de seducción los acompaña en su deambular carnal y aglutina sus experiencias en polos negativos y positivos. Así siguen buscando y encontrando. Esto es tan intenso que se convierte en descubridor del acto en sí. Y cada acto en sí se convierte en algo tan íntimo, que duele.

Seduce y afloja

Seducir y aflojar son verbos tuyos, Escorpio. Los repartes con brío, sea con una persona que puedas amar hasta el final de tus días o entre una gran variedad de amores.

Con tu seducción al mando, tienes la capacidad de hacerle sentir a quienes diviertes, con quienes trabajas, platicas o discutes, que serías capaz de amarlos o amarlas por toda la eternidad. Además, los haces sentir que verdaderamente los entiendes y los comprendes, y nada más seductor que alguien que hace sentir eso en otra persona… los afloja en el acto.

La máxima seducción es tu trabajo en vida.
—Pablo Picasso

Los nacidos bajo este signo intrigan, juegan con nuestro corazón y marcan su paso mientras buscan como robarnos un poco de nuestra alma. Robert Musil, (autor del gran clásico *El hombre sin cualidades*) decía: "Todo lo que se piensa es afecto o aversión", ejemplo perfecto del pensamiento de un clásico Escorpio. Ustedes, Escorpio, saben seducir, aflojar, integrarse y reintegrarse, con profundos resultados.

El acero

El acero es una materia compuesta de la aleación de metales, ya sea hierro y carbono, (el 90 por ciento del acero tiene esta variación) cromio o niquel. Del acero están hechas nuestras estructuras modernas: calles, avenidas, edificios, clavos, puentes, aereopuertos y equipos pesados. Se sabe que algunos aceros tienen magnetismo, y este mismo magnetismo se encuentra en el alma de Escorpio. Sin acero, seríamos otra cosa. Sin Escorpio, seríamos aún menos. Y recuerden, todos tenemos todos los signos en algún lugar de nuestro horóscopo personal.

Como mujer soltera, me creían un peligro.
—Grace Kelly, actriz, Escorpio

Escorpio se hace un favor cuando se envuelve en el color del acero, en todas sus formas y texturas. Debe hacerlo,

porque ese color brillante, opaco o negruzco, es siempre re-
ciclable —como las ganas de amar que tiene todo Escorpio.
Gris acero es tu color, con un detalle de color rojo bien os-
curo, que representa tu enigmático corazón y sus latidos.

Detalles de tu sexualidad

*El sexo para Escorpio tiene que ver con una conexión entre la
realidad, la mística y algo sagrado.*
—Norbert Guterman, traductor
de obras literarias

Desde pequeño, Escorpio busca, encuentra y se fija en su
propio sexo. No lo puedes evitar, Escorpio porque los órganos sexuales son la parte que representa tu signo astrológico,
y necesitas reconocerte en y con ellos siempre, en su forma,
y a veces hasta en la diferencia entre la tuya y la de tus her-
manos, amigos y familiares.

Escorpio sabe que al sexo se le habla, se le escucha, y
que antes, durante, y después de hacer el amor, quien lo
hace, celebra y bendice. Luego cae. Cae fácil. Se transforma.
Y puede a veces enseñarle a Aries a ceder, a Tauro a alucinar,
a Géminis a no interrumpir, a Cáncer a nunca retroceder, a
Leo a cuidar, a Virgo a ser paciente, a Libra a aguantar y a su
propio signo, cada vez que hace el amor, a metamorfosear. A
Sagitario lo ayuda a expresar, a Capricornio a reformar, a
Acuario a someter y Piscis a circundar. Todos lo recordarán.

Lo añorarán cuando parta y le abrirán la puerta cuando regrese. Escorpio se caracteriza por dejar que imagines lo que quieras cuando hace el amor contigo, y posteriormente deja una parte de su propia imaginación en tu cuerpo, para siempre. Tu sabrás dónde colocarlo.

> *Cuando me meto a la cama a la noche, ¡espero no estar solo!*
> —Calvin Klein, diseñador,
> Escorpio

Para Escorpio, todo acto de amor, todo erotismo, está sincronizado con la sensualidad que el cielo le confirió. Te convierte en agridulce. Sabor del semen. Te permite ser casi perfecto o te lleva, a la vez, a echarlo todo a perder. ¿Cómo y por qué? Porque ante todo, quieres resultados profundos. Y son ustedes quienes poseen la suerte de tener acceso directo, sin filtros ni recovecos, al sexo en su estado más puro. Y tú, Escorpio, podrías ser quien le explica, a quien te merece, que tienes un botón de acceso al eterno proceso de descomposición, regeneración y renacimiento.

La intensidad de Escorpio dura hasta la segunda vez que hacen el amor, como si no existiera el tiempo entre la primera y la segunda vez. Esto sucede quizá porque son tan intensos que su capacidad de entrega y firmeza impresiona.

Amor animal a lo Escorpio

Aunque el alacrán (escorpión) es el símbolo inequívoco de este signo, vamos a hablar del animal más fuerte que existe sobre la faz de la tierra, pues Escorpio se lo merece. Así que aquí les presento el elefante, con una trompa larga que nos podría hacer pensar en un pene y 150.000 músculos (imagínense). Su verdadero pene puede llegar a medir hasta dos metros y la penetración en la hembra es total. A pesar de su tamaño, son los amantes más tiernos del reino animal. Los elefantes pasan por épocas durante las cuales producen algo llamado *musth*. En mi diccionario no está traducido al español, pero significa: frenesí del elefante macho durante el celo. Esta substancia los enloquece de amor y su olor convierte a estos, los animales más grandes sobre la faz de la tierra, en parejas duraderas que hacen el amor con gusto. Dicen que diariamente en todo el mundo cien millones de personas hacen el amor como promedio. Escorpio estará, seguramente, a la cabeza del conteo y, por ser maestro de sus pasiones, lo deben hacer con el mismo gusto que el elefante.

Kama Sutra: Tu posición ideal

Tocarse, frotarse, apretarse… existen 64 posiciones (llamadas también *Chatushshashti*) que pueden comenzar a investigar con Escorpio si tienen la suerte de tenerlo o gozarla, y si eres Escorpio, nada mejor para ti que sabérselas toditas, todas. Ahora, el abrazo llamado *leche y agua* es la posición ideal para ustedes y sus parejas. Los brazos se convierten en ramas, las piernas en energía pura y logran aprovecharse como si

fueran los únicos seres del mundo haciendo el amor. Aprovechen la dulzura que Escorpio sabe dar. A veces, no parece que tenga toda la ternura que necesita quien esté con él o ella, pero la intimidad que ambos pueden gozar es única. Deben sentir que se encienden ambos. Deben saberlo vociferar.

Escorpio no olvida nunca. Lleva todo en cada una de sus células, y más. Esos seis grados de separación que posiblemente unen a cualquier humano con otro seguramente tienen signo. Escorpio.

> Esta teoría de seis grados de separación se refiere a la idea de que si una persona está a un paso de todas las personas que conoce y a dos pasos de cada persona que ellos conocen, cada humano sobre la faz de la tierra está a un promedio de seis pasos de todos los demás. Esta idea es similar a la teoría de que cada vez que haces el amor con alguien, a la vez lo estas haciendo con ocho más.

En la Edad Media, a Escorpio, por ser el octavo signo del zodiaco, se le asignó el número ocho. Ese mismo número marcaba el número de Stara en el cielo y el perfeccionamiento de la llegada de la energía planetaria. Eso no ha cambiado y piensa que, hagas lo que hagas, la suerte está contigo. Espero que lo recuerdes cuando hagas el amor, para que recibas toda la energía del cosmos.

Tu astro sutra

Tu mejor arma de seducción es dejarte seducir. Tu presencia, (¿lo sabes?) es ser *caliente*, pero en el mejor sentido de la palabra, y para entenderlo tú mismo, exageras tus cinco sentidos de manera creativa. Rozar la piel del otro, una buena colonia, el pantalón bien puesto o la falda entalladita, forma parte de tu arte seductor. Algo para el gusto ajeno y el calor de la tentación.

Escorpio en pareja

Escorpio selecciona a Aries

Fuerza creativa y procesos por inventar

¡Rayos y centellas! Así decían en los dibujos animados cuando iba a caer una tormenta —climatológica o moral— y nadie dudaba que las cosas cambiarían repentinamente, o que alguna cosa tremenda estuviera por aparecer. Para Escorpio la vida sexual puede ser un laberinto, solitario o no, por donde se encamina y donde encuentra una simbólica perplejidad que lo lleva siempre hacia la perfección de su propio mandala. Allí encuentra el autoconocimiento total y se sabe feliz. Con Aries comienza la búsqueda. Con Aries puede encontrar la gloria, y la interacción puede ser tan fuerte, que ambos sienten que repartieron bendiciones al entrelazarse. Las posibilidades son inusitadas como aquel dicho oriental: La boca femenina muestra lo suyo, mientras que la nariz del hombre muestra la fuerza de él. ¡Mágico esplendor!

Escorpio toma a Tauro

Más que un sentido

Las agallas de ambos son tan parecidas que hay quienes piensan que deben ignorarse. Sin embargo, cuando Escorpio escoge a Tauro como personaje clave para indagar en el mundo del sexo, de su propio y mágico sexo además del de su pareja, es como si se escogiera a sí mismo, porque son opuestos. Son imanes en este caso. Y surge la palabra frenesí. Existen un número tan vasto de historias sobre esta unión, que hay que abrirles el apetito y contarle alguno. Plutón y Venus (planetas que rigen ambos signos) instigan cambios en la glándula tiroidal a tal grado que hay quienes miden el cuello de la recién casada antes y después de su noche de boda. También hay quienes creen que las cantantes no pueden perfeccionar su voz hasta que dejen de ser vírgenes, por la conexión entre la glándula pituitaria y las sexuales. En fin, los olores y el sexo comienzan a intensificar el acto del amor cuando ustedes dos se juntan. Vuela la imaginación y alabado sea Escorpio con Tauro, pues ha puesto el juego del amor a su favor.

Escorpio posee a Géminis

Buscar sabiduría y consejo

Combinación del profesor y el malabarista. En modo, forma y trato. Escorpio cree saber su papel, pero existe la tremenda posibilidad de que, al dejarse llevar por impulsos momentáneos, Escorpio pierda sus estribos y pase gran parte del encuentro inventando excusas para seguir divirtiéndose en lugar de desafiar ese "me importa madrismo" para encontrar la paz del guerrero en reposo. Para Escorpio hacer el amor con Géminis, debe reinar el regocijo. Si así se hace, Géminis podría encontrarse con un filo erótico nunca antes sentido. La combinación entre ambos es la de reparar para llegar siempre aun más lejos.

Escorpio, al hacer el amor, se comunica con todo su cuerpo. Su cuerpo se convierte en recipiente o receptáculo. Y, si tienes suerte, en ambas cosas.

Escorpio se inflama con Cáncer

Hasta el ver tiene su aprender

Escorpio con Cáncer encuentra la calma. O por lo menos, así debe ser. Pero si esto sucede ante una luna llena, todo puede cambiar, ya que Cáncer es hijo o hija de la Luna ante todo. Escorpio a veces vive demasiado acelerado en lo que al amor se refiere. Pide y toma antes de saber por qué quiere hacerlo, y si Cáncer le pregunta "¿Por qué vas tan deprisa?", Escorpio debe entender que vio en este algunas fallas que lo asustan. Escucha lo que te dice y trata de verte a su manera, Escorpio. Oye tus propios recuerdos y piensa que esta combinación, incluso la más banal o pasajera, subraya el hecho de que necesitas refinarte un poco para cumplirle mejor. Comienza con pequeñas cosas y alecciónate en las grandes para hacer el amor.

Escorpio se apasiona con Leo

El discreto encanto de un olor

Dicen que nos convertimos en niños cuando amamos. Pero se dicen muchas cosas, y se sabe que los olores para Escorpio cuando se une con Leo tienen tanta importancia que no estaría de más regalarse mutuamente el libro *El perfume* de Patrick Suskind. Reconocer el olor de ambos es de suma importancia, porque los olores (según el estudio Swedenborg) tienen mucho que ver con la conciencia, algo parecido a lo que pregonaba Heráclito: "Las almas apestan en el infierno". Pero Demócrito alivianó esto al decir: "El coito es como un leve ataque de apoplejía, y el sudor sirve para apagar el fuego". Entre tanta palabra y elementos básicos, siempre aparece ese olor... excelente cosa.

Escorpio escoge a Virgo

Tu conciencia es el mejor intérprete

Es posible que, al terminar de hacer el amor, hayas pensado en lavarte las manos, tus partes personales o a confesar tus pecados. Esto puede ser real o metafórico, por supuesto. Pero vale la pena reconocer que cuando Escorpio escoge a Virgo está tratando de darle valor a su propia persona. Virgo se lo exige, o se lo exigerá. Uno de los símbolos de Plutón, planeta regidor de este signo, es la mujer que mira a través del hoyo de la cerradura y, a la vez, aprende algo. Ya te habrás dado cuenta que en esta relación Virgo confía en ti. Si lo defraudas, tardarás mucho tiempo en recobrarlo y tendrás que luchar para lograrlo. La confianza es esencial en esta pareja. Virgo, por lo general, sabe reponerse mentalmente de lo que le sucede, pero Escorpio puede sufrir las consecuencias de sus propias acciones porque todo le importa.

Hace unos meses descubrieron que los hombres ponen los cuernos por culpa de un gen, según científicos del Instituto Karolinska de Estocolmo. El alelo 334 es a quien habrá que castigar. Y dos de cada cinco hombres lo tienen alterado. Esto, por cierto, nada tiene que ver con el fracaso en la relación de una pareja.

Escorpio opta por Libra

Embarrarse el cuerpo desnudo de chocolate

Sin ansia y muy tolerante debe ser tu relación con el mundo erótico y sensual. Tú mismo debes saber cómo estimular tu libido, y no debe serte difícil hacerlo. Además, la vitalidad de tu juventud debe acompañarte siempre, tengas diecinueve u ochenta y nueve años. Y, cuando este no sea el caso, prepara un maravilloso platillo sensual, como un consomé revividor, filetes de mero a la Pompadour, una tortilla de caviar o el seso con trufa. Y bebe algo parecido al agua histérica, o una bebida para después del amor. Libérate. Goza. Con Libra, el desato sexual es lo mejor que te puede suceder.

Escorpio con Escorpio, ante su propio espejo

Depósito de energía que evoluciona eternamente

Recóndito, emotivo, combinas la calma de las aguas profundas y la intensidad de un *tsumuro* (una ola gigante), orientados hacia adentro y con enorme habilidad de usar su cola para picarse mutuamente, con todos los sinónimos que el verbo *picar* pueda ofrecerles. Escoger a la pareja de tu mismo signo, siendo Escorpio, es sabroso, intenso, gozoso y, sin saberlo, aumenta la fluidez de la sangre al hacer el amor, multiplicado por dos en este caso. Podrán dormir deliciosamente después y despertar para continuar un baile de eróticos placeres. Lean, sin embargo, si se atreven, la historia de Juno, quien puso a Escorpio en el cielo nocturno para que no se crean perfectos.

Escorpio agita a Sagitario
Un cuento de nunca acabar

No lo olvides, Escorpio. Dicen que lo más sabroso de hacer el amor, son los previos, en los que uno se estimula, siente y goza con el repertorio propio y la sorpresa de lo que vendrá. Palabra clave para ustedes: *utopía*. Y, además, esto curiosamente recalca el hecho de que no eres ni pedestre ni pedante. Más bien podrías ser un baúl lleno de trucos, actitudes inesperadas y novedades para cada caso, y cada caso entre ustedes es único. Lee o lean *Taken in Adultery* (Tomados en adulterio) de Paul Tabori (Londres, 1949), y si no lo puedes conseguir, tampoco tiene demasiada importancia, porque es posible que todo lo que cuenta el libro lo sepas por instinto de antemano. De todas las combinaciones, esta es la menos rígida, aunque habrá que tomar en cuenta lo que significa la rigidez de cada quien cuando de amor y de hacer el amor se trata.

Dicen que la astrología y los signos forman parte de un campo de imaginación y de reflexiones por las cuales no solamente nos reconocemos, pero por los cuales nos vemos como arquetipos puestos sobre la Tierra que ha creado este baile que llamamos "vida".

Escorpio erotiza a Capricornio
Un solo acto no hace hábito

La educación sexual es definitiva en la formación de la personalidad. En las familias, lo mejor es hablar. Y si en la tuya, Escorpio, se habló lo suficiente, más no demasiado, con criterio amplio y palabras pausadas, limpias y sin doble sentido que hiere. Estar con Capricornio para tener ese contacto sexual que debe ser un vehículo de comunión entre las personas promete regocijo. El sexo tiene de todo, es parte de estar vivo y al mismo tiempo es ese gran desconocido que permea el mundo.

Escorpio enloquece a Acuario
El ave fénix defiende tu espíritu indestructible

El Ave Fenix otrora llamado Phoenicoperus en época de los Griegos, tiene mucho que ver con Escorpio. Su supervivencia abarca el mas allá, y es allí, con esa magia, que Escorpio y Acuario pueden revolver sus flujos directamente del Jardín del Paraíso. Cuando Escorpio está a la búsqueda de las formas básicas, del buen amor y del erotismo apasionado, se encuentra con Acuario. Con Acuario, Escorpio no se limita y aprende a nutrirse de los elementos básicos —tierra, aire, agua y fuego— para situarse de manera excelsa en el mundo fantástico del amor. Escorpio así empolla su huevo, como en la leyenda del fénix, y pase lo que pase, siempre renace. Con dicha y placer.

Escorpio seduce a Piscis
Dos mentes con analogías diferentes

Escorpio se cruza por el camino de Piscis para que Piscis aprenda a gozar más. La ley de atracción, cuando se encuentra entre ustedes dos, tiene que voltearse de arriba a abajo para lograr que den el brinco a la cama, al piso, sobre un clóset o contra una pared. Escorpio pasará muchas pruebas para lograr reciclar su fuerza y encontrar su propia nirvana; es decir, para lograr entenderse y gozar sin tener como meta mostrar sus límites. Y Escorpio tendrá que mostrar que sus excesos son por amor, no por lujuria. Se enredan ustedes solos. Visualicen un escorpión entre dos peces. ¡Pueden hacer locuras! Los símbolos imaginarios de uno y del otro se convierten en un especie de mapa de la propia realidad de cada quien. El escorpión no puede permanecer bajo el agua, y los peces además de nadar hacia puntos opuestos, no viven fuera del agua. Y quizá, Escorpio soñó lo que cree que pasó, y ahora tiene que comprobarse que realmente sucedió. Cosa difícil, pero a la vez maravilloso si se logra. Será duradero si se goza y con música romántica y murmullos adecuados. Volverán a soñar para volver a despertar, enredados entre los brazos de ambos.

Parejas famosas

"Damas y caballeros, soy una ama de casa desesperada". Palabras dichas por Laura Welsh Bush, de signo Escorpio. Y nadie puede dudar de que sin ella, George W. Bush nunca hubiera dejado de tomar. Sencilla, profunda y capaz de mantener la atención además del respeto de su marido, seguramente sabe algunos secretos en la cama (algo que se le facilita a Escorpio) que lo trae de cabeza. Ella, Escorpio, él Cáncer. Lo que él no sabe, ella sabe enseñarle. Así es Escorpio.

Sagitario
expande

(23 de noviembre a 21 de diciembre)

*Nunca es demasiado tarde para hacer lo que
hubieras querido hacer.*
—George Elliot (Venus,
Mercurio, Urano y Neptuno
en Sagitario)

¿Tienes suficiente honestidad para poderle decir a tu
pareja que mejore su manera de hacerte el amor?

¿Crees siempre que las cosas, tus cosas y lo que te
aflige, se van a componer o a mejorar?

¿Tu abundante juicio interfiere con tu exuberante
apetito sexual?

¿A menudo eres bastante más espiritual y menos
egoísta de lo que sabes que te conviene?

¿Eres tan inquieto que te han dicho familiares, amigos,
amores y amantes que te "calmes, te aplaques y no
hagas tantas cosas a la vez"?

Si has contestado "sí" a tres o más de estas frases, o eres Sagitario o tienes muchos planetas importantes en este signo. Y te felicito. Gracias por estar aquí presente, ya que son ustedes quienes hacen las mejores preguntas, y si son sobre el sexo, se imaginan cualquier tipo de respuesta.

Ser Sagitario

Sagitario es el signo de la filosofía, de la búsqueda, del entusiasmo y de los retos. Para Sagitario es importante saber que mucho, nunca es suficiente, y cuando logra un poco *más*, apenas comienza todo. Si eres Sagitario, te sabes Sagitario. Diferente. Diferentes. El único de los doce signos del zodíaco que es mitad animal y mitad humano, mejor conocido como el centauro. De naturaleza intrigantemente dual, relacionado en la mitología antigua con las hazañas de Hércules, a lo largo de tu vida percibirás inmediatamente los vientos de cambio —cambios por deseos nuevos que generalmente logras porque para Sagitario, nada es imposible. Regocijarte con una pareja que sabes no será tuya para siempre es tema pasajero; lo importante para ti, Sagitario, es conocer y saberlo todo, probar mucho y gozar.

Sagitario es hijo de Ares (dios del valor y la entrega) que copuló con una nube. La alegoría les queda como anillo al dedo, porque nadie vuela más alto en su imaginación que ustedes… e imaginarse haciendo el amor sobre una nube podría ser buena cosa. No puedes evitar pedir ni dar demasiado. La fuerza está siempre contigo, aunque seas ingobernable, inquieta, lleno de entusiasmo y difícil de dominar. Amas viajar, moverte, planear cómo, cuándo y dónde irás, sin restricciones. ¿Dócil? ¡Nunca!

> Cuando alguien que no es Sagitario planea algo realmente novedoso, bien hará en ver en dónde se encuentra Júpiter o Sagitario en su propia carta astral. Y, luego, deberá actuar de acuerdo con ese signo.

Dentro de los doce signos astrológicos, posiblemente Sagitario sea quien porte la metáfora de las sietes facetas de la vida humana que describe William Shakespeare en *Como gustéis (As You Like It)*: (1) El desamparo del recién nacido. (2) La opresión de la edad escolar. (3) Tonterías, cuando los amantes suspiran por todo. (4) El falso orgullo a la búsqueda del "yo y mi reputación". (5) La complacencia o la justicia que viene con una barriga llena. (6) La futilidad y (7) la decadencia o el olvido total. Sagitario, a pesar de la metáfora shakesperiana complicada, logrará dominarlos todos.

Sagitario decide todo en unos segundos menos que los demás, tanto al escoger con quién platicar, como al tomar una revista para pasar un rato. En un santiamén ya decidió con quién bailar, con quién brindar y con quién flirtear o acostarse, para dormir o hacer el amor.

Todo lo que tenemos que hacer los demás —los que no somos sagitarianos— para entender la complejidad de este signo, es fijarnos en su bello símbolo: El centauro apuntando hacía las estrellas con su flecha. Siempre está buscando, encontrando, planeando, seguros de lograr más de lo esperado, instintivamente tratando de ser y hacer todo mejor. El Centauro, mitad animal y mitad hombre, siempre está listo para interesarse en una nueva aventura, y bastante seguro o segura de que donde pone el ojo pone la flecha.

Sagitario vive para que esa flecha caiga en el blanco. "Es tan sencillo", dice cuando le preguntan. Y nadie lo duda. Vivir con atrevimiento es algo que los retroalimenta, y para compartir la vida en la cama con alguien de este signo hay que entender que "lo excitante" es su pan nuestro de cada día.

Sensualidad, mente y espíritu

Sagitario necesita saber que está donde está porque así lo decidió. Por esto, su estado de ánimo busca siempre mejorar todo, y el amante de Sagitario deberá aprender a complacer para que no los dejen bailando solos. Para muchos de este signo pudo haber sido escrito la bella canción cubana "El breve espacio": *En la cama su silueta, se dibuja cual promesa de llenar el breve espacio.* Tengan bien en cuenta que Sagitario, después de todas las aventuras que la vida le depara, vive mucho mejor en pareja estable, descubriendo y descubriéndose día a día con su "otro yo" y probándolo todo con quien escogió vivir.

Su ser astrológico es dual, no lo puede evitar. Parte de Sagitario es nube, aunque no de la misma manera que Géminis (el signo opuesto al suyo) porque en Sagitario existe un debate constante entre cierta timidez y el gran deseo de conquistarlo todo. Su propia vida, sus hazañas espectaculares o comunes y corrientes, el ego, el amor, las pasiones, los deseos fuertes, todo esto y más puede arrastrar a Sagitario hacia donde sea por seguir la búsqueda para comprenderse. Exagerando un poco, Sagitario es quien motiva a alguien a saltar de la cama para consultar un diccionario de erotismo y regresar inmediatamente después con la novedosa posición X, Y o Z, recitando un verso sensual o un texto del *Kama Kala* (interpretación filosófica de las esculturas eróticas de la India), entre muchas otras cosas. Y dejas a tu amante perpleja, asombrado, confundida o titubiante.

El rey Arturo, Merlín y sus aventuras, William Blake, Arthur C. Clarke, Paracelso, Beethoven, Woody Allen y Diego Rivera, ¡cuántas historias de amor incontrolable tiene la historia presente, pasada y seguramente futura para Sagitario!

Para conocerte a fondo, Sagitario, habrá que estudiar las nueve musas griegas. Dicen que Sagitario es el signo de la filosofía y los profetas, pero es mejor olvidar esto que dicen para que puedas gozar de tu enorme sensualidad sin meterte en demasiados líos mentales. Permite siempre que tu espíritu sea todo lo eróticamente libre que sea posible y gasta toda la pasión que tienes para así gozar como si fueras una de esas musas, y de esa manera (seas hombre, mujer o hermafrodita) evitar toda rutina para poder experimentarlo todo. Al Sagitario se le conquista con versatilidad y ternura. Siendo Sagitario, necesitas bastante firmeza para conquistar al objeto de tu pasión, y mientras más aventurero sea la conquista, mejor para ti.

Explora y exagera

El verbo explorar es el que te excita, te satisface y permite que te atrevas a construir cualquier cosa. Con él sientes que puedes afrontar lo que sea y sentir el éxtasis haciendo el amor o con solo pensar en hacerlo.

Pero el verbo exagerar también forma parte de tu idioma astrológico. Así que, bendita tu luz, bendito tu signo. Siempre ten en cuenta que mientras más cosas hagas a la vez (a veces), mejor. Besa, frota y usa todos los orificios presentes y más. Recuerda: exagera y explora, explora y exagera, y disfruta hasta el fin.

Morado y azul

¿Por qué dos colores para Sagitario? Porque si Sagitario no hace varias cosas a la vez, está deprimido, cansado o enfermo. Y con un solo color no encontraría la fuerza motriz adecuada. Así que regocíjate en el morado y el azul añil, tus colores.

La ley suntuaria del siglo XVI (ley que grava el lujo con impuestos) establecía que solo ciertas personas de rango podían usar el color morado. El color fue usado por emperadores romanos, y el morado siempre estuvo relacionado con la realeza. Busca en Google el color morado (o *purple*), y en menos de un segundo les aparecerá más de 16 millones de sitios. Entre otras cosas, verás que ese color era el preferido de la reina Cleopatra.

El azul parece ser el color preferido por la gran mayoría de los humanos. El azul te ayuda a pensar claro, a combinar el misticismo del violeta y sus cualidades espirituales con la calma que las ondas del azul, tu color, reparte. La confianza es toda tuya cuando logras una combinación de ambos colores. Y, si tienes un cojín con ambos colores combinados, (no importa el tamaño), la suerte estará siempre contigo.

Detalles de tu sexualidad

La bisexualidad inmediatamente duplica la posibilidad de una cita para el sábado a la noche.
—Woody Allen

Se ve, se siente…. Sagitario está presente. Así toma Sagitario posesión de la calle, se refuerza en un grupo y conquista a quien quiera viendo lo que otros no saben buscar. Porque ver, ver cómo, ver cuándo y ver de qué manera gustarte es una fuerza innata. La persona que se encuentra haciendo el amor con Sagitario podría repentinamente encontrarse siendo empujado de la cama, del lecho más fino o caro del mundo, si trata de indicarle a Sagitario qué debe hacer. Sagitario está convencido o convencida de que sabe gozar, y aunque fuese la primera vez que hiciera el amor, cree que es dueño o dueña de la situación.

Las restricciones, las reglas, las normas y alguna indicación que consideraran una salvajada, les puede causar un enojo insoportable. En cambio, una fiesta personal que considerara digna de su mes de nacimiento, alguna novedad o el relato de una hazaña prodigiosa vivida por su pareja, puede convencerlos que tener sexo en ese momento es todo lo maravilloso que cree merecer.

Fíjate bien en las caderas de Sagitario, o si eres Sagitario, mira tus caderas. Sobre ellas descargas todo el cuerpo y el nervio ciático, que puede infligir dolor a tantos, es parte de tu cuerpo cósmico. Treinta y cinco millones de personas sufren de ciática en Estados Unidos, y la intimidad sexual puede ser puesta a prueba si eres una de ellos. Recuerda que la ciática es un *nervio*. Esto para ti es un plus, y una razón para pedirle a tu pareja que te ayude a no moverte demasiado, recibiendo caricias, amor y ternura a la vez. Algo que sabes dar y pedir con ambivalencia, lo cual conviene.

Dicen los libros antiguos (mencionan a cada signo del zodiaco como si fuera un ente en sí) que Sagitario permite que nos demos cuenta de la razón que existe en todo lo que nos sucede. Cuando estás en los brazos de alguien que te despierta deseo y le dices o sientes que quieres aún mas, Sagitario está contigo. A Sagitario le gustaría hacer de su propio cuerpo un templo de amor, aunque no esté haciéndolo (el amor) en ese mismo instante.

Sagitario es también quien guarda su cuerpo con garbo, lo usa con finura y lo cuida para complacer. Y, como Escorpio, siempre nos indicará cómo sublimar todo lo relativo al sexo. Sagitario es quien representa el alma con toda su inocencia, anudado con la sabiduría que pretendemos tener, usar o buscar. Y para Sagitario, cada vez que hace el amor, vive un reto personal de dicha y de entusiasmo.

Amor animal a lo Sagitario

Sagitario es un animal sexual. Y cada vez que hace el amor, aprende algo. Conocimiento de posiciones, maneras de revolcarse deliciosamente, deleitándose con cada momento preciso y en cada posición. Por lo mismo, los rituales sexuales de varios animales le sirven de punto de partida para una buena conversación... lo demás vendrá por sí solo. Los humanos leemos libros, vemos películas, si tenemos suerte alguien nos enseña cómo hacer el amor de manera satisfactoria o vemos terapeutas. ¿Los animales? Puro instinto. Por ejemplo, ¿sabes, Sagitario, que los pingüinos son monógamos? Se enamoran, se cantan y sus aletas se agitan con gran excitación. El acto de penetración dura tres minutos, siempre en un lugar apartado, y quedan contentos y felices durante todo un año. Los hipopótamos le dan vuelta a su colita (lo único pequeño que tienen), como si fuera un hélice, bañando todo de mierda, algo que les parece delicioso. La babosa de mar es hermafrodita, con un pene de un lado de su cabeza y una vagina en la otra. Se aparean, usando otro baboso como intermediario que pasa esperma de uno al otro... tres en lugar de dos. Un viaje único es el amor del Sagitario. Ellos de eso están seguros.

Kama Sutra: Tu posición ideal

Según el *Kama Sutra*, existen ocho tipos de abrazos sexuales. El abrazo de los muslos (la parte más sensible de Sagitario), el abrazo llamado Jaghana (desde el ombligo hasta los muslos), el abrazo que junta los senos de ambos amantes, y el abrazo de la frente.

Para aquellos que se atrevan, una pareja normal tardaría unos cuatro años haciendo el amor de manera más o menos regular para probar todas las 529 posiciones descritas en el *Kama Sutra*.

Siendo Sagitario también puedes inventar tus propias y novedosas posiciones a partir de la indicada especialmente para ti, la posición llamada *convención de la hembra*. Los movimientos, las gesticulaciones y los actos apasionados les permitirán la impetuosidad necesaria para que Sagitario se acostumbre no solamente a hacer el amor, sino también a reconocer que en ese hecho también existe toda una ciencia y una filosofía. Una de las primeras ediciones del *Kama Sutra*, traducido al inglés en el año de 1883, dice: "Los varios modos del sexo, el deleite y las posiciones no son para cada interludio ni para toda persona, sino que deben ser practicados en el momento adecuado y en los lugares adecuados". El ingenio y la sabiduría de Sagitario sabrán cómo.

El número de películas, fotonovelas, libros y dibujos en donde se ve al hombre penetrando a la mujer mientras está recostada sobre una mesa es incalculable. Se ve gozo, placer y una gran variedad de sentimientos, algunos encontrados. Pero en este caso, para Sagitario, algo tan parecido a "su" posición podría resultar un paso hacia la perfección. Sagitario necesita trazarse metas para ser todo lo eróticamente excitante y gozar el sexo en todo su candor. Y si aún no lo sabes, ya es tiempo de que te apliques. Además, el sexo mejora la oxigenación cerebral, algo que nos conviene a todos.

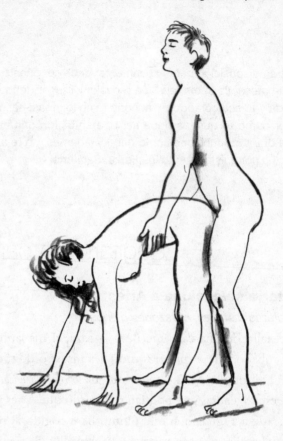

Puesto que tu signo es el que menos nivel de aguante tiene para los fracasos. Recuerda que tu signo, según la antigua leyenda de Gilgamech, escrita sobre tabletas antiguas, demuestra que dos tercios de tu persona son una combinación de alguna divinidad.

Tu astro sutra

Tu gran disposición para experimentar debe ser puesta sobre la mesa, (la cama, el sillón o cualquier lugar donde se pueda y te sea cómodo). Y aunque tú no lo creas, hacer el amor como tú quieras debe ser una ambición prioritaria para que todo funcione como deba y, además, no te aburras. La conquista es lo tuyo. ¡Forza, Sagitario!

Sagitario en pareja

Sagitario selecciona a Aries

Naturalezas distintas, corazones plenos

"En el tallo de una caña me llevé la caza, el manantial del fuego robado, que es para los mortales maestro de todas las artes". Del drama de la Grecia antigua *Prometeo encadenado* llegan estas palabras que podrían resumir lo que Aries puede significarle a Sagitario, si este último ha escogido al primer signo del zodíaco como pareja en su variada vida sexual. Tal es la intensidad de Sagitario para sus amores, que todo lo que sea más de uno, es mucho. Júpiter, quien rige tu signo con brío y vasto entusiasmo, se encuentra con Marte, regente apasionado de Aries para estos casos, y produce extravagancia extrema. Sagitario podría a la vez esperar hasta el final de sus días para que Aries le cumpla todo lo prometido, que a menudo cambia con las horas del día o los días de las estaciones del año. Lo bueno es que Sagitario nació para instruir, reeducar o iluminar a quien se deje, y Aries para entregarse. Esto hace que, si los astros lo permiten, ambos puedan llegar a ser inmensamente felices.

Sagitario toma a Tauro
Angosto es el camino para subir al cielo

¡Júpiter y Venus se llevan de maravilla! En algunas noches claras se ven juntos en el cielo, y yo creo que cada uno de estos bellos planetas presume a sus respetivos signos, Sagitario y Tauro. Ambos se benefician en sus propios ciclos: 11.88 años los jupitarianos y, coincidiendo con Tauro, pueden presumir de 12 años buenos y luego 12 años de aprendizajes, y así sucesivamente hasta cumplir 134 años; los años que todos deberíamos cumplir, haciendo el amor que tanto nos bendice y gozando. Leer tu libro favorito con la persona que tienes al lado en el lecho, es un acto de enorme seducción. Dicen que si logras hacer el amor doce veces, gozándolo con la persona amada, ya vas por muy buen camino, auspiciados ambos por Júpiter y Venus.

Sagitario posee a Géminis
Los sueños no tienen lógica

Signos opuestos y ganas de comerse vivos. Con gustos complementarios, Géminis puede abrirte hacia nuevos apetitos, entre ellos a no tener un solo modelo de pareja, sino que estar continuamente en busca de lo novedoso, de lo diferente, hasta encontrar la persona ideal. Esto es el complemento a tu extraño ser, Sagitario, por tener tanto de animal y tanto de humano con lo que puedes usar esa llave mágica y personal para entrever algo de tus propios sentimientos. Por alguna razón, tanto cósmica como anatómica, los nervios y el estado de ánimo producen reflejos poco controlables durante los momentos íntimos que tanto añora Sagitario. Encontré algo escrito por Paracelso, ese gran mago de tu signo, en relación a esto que dice: "Los sagitarianos que se relacionan con Géminis podrán siempre encontrar tranquilidad y sosiego entre su propia familia, a quienes en este caso deberán acudir si necesitan consuelo". Uno nace con ciertos aspectos dominantes precisamente para tener oportunidad de resolver otros, a fin de contribuir al bienestar propio y al de los demás.

La Dra. Ruth, autora e ícono de los años ochenta y famosísima terapeuta sexual, dice que lo más importante en una relación sexual es el respeto mutuo y saber que existen un sin número de modos y maneras de complacerse. Ella es del signo Géminis con su propia luna en Sagitario —cómplices, estos dos signos, del amor.

Sagitario se inflama con Cáncer

Vamos a querernos despacito, ni demasiado ni poquito

Dicen que la Luna (regente absoluto de Cáncer) fue inventada por los vientos para dirigir las noches y reconfortar a todos los signos, además de originar sueños y prodigios. Cuando Sagitario y Cáncer se juntan como pareja de amores, la vida le depara una búsqueda profunda que puede ser apagada con fuegos sagrados. Suena difícil, y así lo es. Sagitario es del elemento fuego, y Cáncer, del elemento agua. Uno puede destruir al otro si no tiene cuidado, pero al mismo tiempo podría suceder algo casi tan poderoso como la explosión del volcán Krakatoa, que en el año 1883 estalló con tal fuerza que sus ondas le dieron ocho vueltas a nuestro planeta. Este tipo específico de Sagitario (el atraído por Cáncer) está en búsqueda de sus propias aguas profundas y situaciones inconcebibles. Cuidado, no vayas a tropezarte con circunstancias inconsolables por no fijarte en lo que deberías. En otras palabras, puedes mostrarte íntimamente como un ser suave y accesible, como una pluma de ganso, o tan tormentoso como un tornado destructivo. De ti depende, siempre y cuando te detengas a pensar.

Sagitario se apasiona con Leo

Nunca dejes las cosas a medias

Hay que aprovechar a Júpiter, si eres Sagitario. Como si tú mismo fueras tu mejor postor, pues ese planeta es una bendición. Y, cuando está en competencia, como cuando ustedes se encuentran cara a cara y frente a frente, quiere salir ganando. El Sol, príncipe de Leo, con Júpiter, gran protector de Sagitario, les permitirá a los dos presumir, medir, sentirse bellas y guapos y, además, tener un sinfín de diversiones entrelazadas con pasiones mutuas. Así cobrarán ambos su merecido lugar. Para ambos, el hecho de estar dispuestos a amarse debe ser algo honorable y divertido ante todo. Tradúzcanlo como mejor les quede, en su propio lenguaje erótico, sin dejar de decir o hacer lo que tienen ganas de decir o hacer. Eliminen ambos, a la vez, pequeñeces o mezquindades que pudieran ocasionar que el gozo se vaya directamente al pozo y que tú, Sagitario, olvides toda la dignidad que tu genial signo te confiere. Debe de haber siempre algún adorno lindo cerca del lugar donde decidan amarse, y traten de que los momentos contiguos al hecho amoroso les dejen un inmenso sentido de bienestar, como si se llenaran de las notas de la *Oda a la alegría* del gran Beethoven, de signo Sagitario.

Sagitario escoge a Virgo
Descubrir y gozar lo descubierto

Sagitario y Virgo se atraen instintivamente sin saber por qué. A veces ni lo piensan y frecuentemente ni se lo imaginaban. Pero tengan en cuenta que esto se aplica a situaciones astrológicas donde ambos piensan en el sexo y en sentirse libres, lo cual es muy importante para Virgo, quien con Sagitario tiene precisamente eso, sexo. Sagitario tendrá que entender que cuando siente que algo no cuaja, lo puede mejorar, siempre y cuando no haga una de sus pataletas repentinas. Sagitario lleva en sí la necesidad de vivir ciertas *extravagancias* que no todo Virgo sabrá concederle. Y a veces tus extravagancias, Sagitario, le parecen ilógicas a quienes están a punto de amarte con locura. Cuando esto sucede, cambia de giro, de música o de calzón.

Sagitario opta por Libra
Almas enlazadas al azar

Se podría decir que para Sagitario es casi imposible no caer, alguna vez en su vida, en los brazos de Libra, física o platónicamente. Y entre ustedes puede haber tanto amor como desamor. Por lo tanto, dense tiempo, más posibilidades o más de cualquier cosa para que todo fluya como en los cuentos de hadas y no como en las telenovelas. No exageren. Y aunque tú, Sagitario, eres capaz de dejarte envolver por un velo de optimismo que a menudo resulta insoportable, déjale algo al azar para que puedan cambiar de rumbo. De nuevo, física o emocionalmente. Y ten a la mano una botella de champán frío, por si no hay otra cosa que hacer. Con eso verás que las buenas oportunidades sí abundan, aunque te hayas pasado de mano. Las dos frasecitas, "hay niveles" y "todo a su debido tiempo", deben acompañarte mientras le permitas a tu erotismo todo el vuelo que creías posible.

En nuestra Vía Láctea recientemente se ha descubierto un enorme agujero negro, de nombre Sagitario A, una fuente de emisiones de rayos de todos los tipos. De tamaño supremo, está cerca de la frontera del llamado horizonte, desde donde nada puede escapar. Me gusta pensar que toda la energía de todos los orgasmos de todos los tiempos allí está, regocijándose, recordando sus buenos tiempos y planeando muchos, pero muchos más.

Sagitario prefiere a Escorpio
As de oros

Celébrate, porque si tú, Sagitario, has sido capaz de conquistar el amor y la piel más el eros de alguien cuyo signo es el anterior al tuyo, deberá resultar como si hubieras tomado un pedazo de lo mejor de ti y lo amplificaste y luego lo plantaste en el jardín de tus propias delicias personales. Al preferir a Escorpio, escogiste algo que habla más de ti que del escogido o la escogida, porque tomaste el camino más

difícil. Y eso tiene precio y premio. Si te limitas, pierdes. Si
eres capaz de pedir y dar lo que verdaderamente quieres, y
no te limitas, pero a la vez logras *convencer* a tu amante de
que lo que propones es lo adecuado, significa que eres tan
admirable como crees ser. Y si esto te parece incomprensi-
ble, consigue *Los 120 días de Sodoma* del Marqués de Sade.
(Casualmente, los 120 días, históricamente, realmente ocu-
rrieron en tiempos sagitarianos.) Del erotismo, el horror y
las leyes del deseo, siempre aprenderás algo.

Sagitario con Sagitario, ante su propio espejo
Yo dependo de lo que tú crees tener

"Cuando me lo dijo, me cayó de sorpresa", "Nunca me lo
hubiera imaginado", "Caía rendida" y "Jamás olvidaré eso",
son frases que podrían aparecer en el encuentro entre ustedes. Alguno de los dos podría decirlas. Pero, si el mundo
fuera perfecto y hubiera una verdadera justicia divina, Sagitario y Sagitario se quedarían juntos para el resto de sus vidas. Algo que no sucede con la frecuencia debida, y que uno
de los dos debería buscar con cualquier otro signo. Porque
Sagitario sabe en su alma que el amor verdadero y el sexo
delicioso siempre serán una cosa esplendorosa. Ah, pero intervienen los astros, los deseos, las familias, los ideales, la fe, el
otro o la otra y un sinfín de ecuaciones, posibilidades y sentimientos que nos presentan al ser amado/deseado como un
sustituto del ego propio, o del ideal del ego, ¡vaya a saber! La
vida sexual de Sagitario con Sagitario debe ser puro atrevimiento. Nada de miedo. Júpiter montado sobre Júpiter, salvo
los hados de la mala fortuna, no debe haber nada mejor. No

siempre es así. Ni modo. Pero la posibilidad existe. Siempre. Si no en la primera vez, a la segunda o a la que sigue.

Auau Enua, también conocida como Mangaia, es la isla más antigua del Pacífico (al extremo sur de las Islas Cook), y sus habitantes son conocidos como "sexo positivos". El enfoque de su vida se basa en el placer sexual. Las parejas jóvenes hacen el amor unas tres veces por noche, cada noche, hasta que cumplen los treinta años. A partir de esa edad, consideran que con hacer el amor catorce veces por semana es suficiente.

Sagitario erotiza a Capricornio
Saberlo todo no cambia nada

Lo práctico primero, y si la frase te parece poco adecuada para un preámbulo amoroso, tendrás que cambiar de signo, pues al haber escogido a una pareja de Capricornio para afrontar la sensualidad, tienes que tener una buena dosis de ambición personal. Y esa ambición podría a la vez variar tus propósitos. En otras palabras, prepárate para cualquier cosa, porque aquí puedes descubrir que no te conoces bien. Cada acto de amor, auque fuese pagado, tiene que ver con tu propia búsqueda de lo que algunos llaman alma y otros propósito. Y es allí donde se divide en dos Sagitario: por un lado los que gozan teniendo alguna forma de fe cuando necesitan alivio, y por otro los que se consuelan con lecturas filosóficas para entrar al gran tema del eros y regocijarse en su propia sensualidad con unas gotas de ardiente dignidad. Tu decides, aunque el hambre que tienes por investigar bastante sobre los parecidos entre las palabras vagina, pene, coito, eros, sexualidad, etc., es evidente.

Sagitario enloquece con Acuario
Locos mortales que imitan a los dioses

Ambos son suertudos. Ambos sentirán, si encuentran al acuariano que se sabe enloquecer de amor; y si alguno de los dos tiene queja, será porque realmente no entiende su propio signo, su cuerpo, sus actos y sus deseos. Ahora que ya lo saben, manos a la obra. Esta es una combinación afortunada, y si no se acoplaron con un poco de lujuria y locura, cambien la cama de orientación (norte, sur, este, oeste) y vuelvan a ver el dibujo de la posición que les toca. No es que *tengan* que hacerlo así, es que hacerlo les ayudará a encontrar ese "algo" que después de hacer el amor les permitirá dormir a pierna tendida, algo que ninguno de ustedes está acostumbrado a hacer. Si el encuentro fue inusual e inesperado, el clímax debe ser total, al unísono. El magnetismo que queda, por el roce de los cuerpos, debe dejarles una especie de carga eléctrica, energética, que se puede emplear durante los días siguientes para lo que les dé la gana. De no ser así, el apetito corporal de Sagitario puede convertirse en insaciable. Sería una lástima, teniendo tantas posibilidades.

Sagitario seduce a Piscis
Desentrañar el misterio de los misterios

"Todo tiene explicación, menos el gusto, el cariño, la alegría, el deseo y la melancolía que un ser puede sentir por otro que ni de su familia es". Eso alguna vez me dijo un buen amigo, quien, al final, nunca se casó. Él es Piscis y su novia era de signo Sagitario. No sabemos si el deseo produce un enlace o si el enlace enaltece el deseo. Sí sabemos que el deseo es delicioso, y calmarlo, más. Y sabemos que un Sagitario que se ha tomado el trabajo de convencer a alguien de signo Piscis a seguirlo en el delicioso acto de amarse, está buscando un valor fantástico en el asunto del sexo, y esperamos todos que lo encuentre, lo comunique y lo goce.

Parejas famosas

Simplemente no lo puede evitar. William Bradley Pitt, conocido como Brad Pitt, al ser Sagitario, gusta de divertirse. En la cama. En el amor. En la casa y en la vida. Ahora, lo que uno puede imaginarse que ocurre entre la pareja Pitt y Angelina Jolie (Géminis) no es tan así. Ellos son, en realidad, dos seres tan diferentes en lo personal, que su pasión erótica, sus disputas conocidas y desconocidas y su relación es algo que astrólogos estarán tratando de descifrar hasta finales de este siglo, aunque es totalmente probable que no lleguen ni al final de este decenio. Los aspectos personales de sus propios horóscopos no los ayudan a permanecer unidos, aunque como todos sabemos, los polos opuestos se atraen como imanes.

Capricornio

perdura

(22 de diciembre a 20 de enero)

¿Por qué amar si perder duele tanto? Ya no me quedan respuestas; solo la vida que he vivido. El dolor de ahora es parte de la felicidad de aquella época.

—Anthony Hopkins

¿Tratas de razonar antes de, después de, o al soñar con hacer el amor?

¿Amas con locura aunque existan obstáculos, pero con obstáculos deseas más locuras?

¿Al hacer el amor la prudencia se contrapone a la particularidad del caso?

¿Crees tener suficiente autocontrol, o te han dicho que tienes demasiado?

¿Puedes limitarte bajo toda circunstancia y convencer a tu pareja de que tus caprichos son necesidades?

i has contestado un "sí" (calculado) a la mayoría de estas preguntas, eres Capricornio o tienes muchos planetas personales en este signo. Y, si eres Capricornio, te felicito. Dos de mis mejores amigas son Capricornio, mi marido tiene su Luna en Capricornio, mi primera nieta es Capricornio, mi abuela era Capricornio y, a pesar de tener reputación de ser algo fríos y calculadores, tanto para las cosas como para las palabras, sé que saben gozar de la vida plenamente.

Ser Capricornio

Cuentan que todas las personas que construyeron las pirámides de Egipto tenían que haber sido de este signo porque solo los nacidos bajo este signo tienen la envergadura suficiente para poder construir algo tan arduo de calcular, tan difícil de edificar, con tanta precisión y a la vez tan perdurable. Cinco mil años después, siguen siendo una de las maravillas del mundo.

Capricornio, a veces pareces frío y calculador. Y puede ser que así seas de vez en cuando, pero no eres así al despertar ese calor profundo que te permite amar. Tienes que observar, y después de un tiempo podrás acceder. Accederás a hacer lo que sabes que quieres de antemano porque tu cerebro es un poco como el sistema digestivo de las vacas: pasa por muchas etapas antes de que su cuerpo emplee lo que realmente le hace falta.

El estilo se encuentra en uno mismo.
—Buda

Y así, Capricornio prefiere que las cosas sigan por el camino de lo estipulado. La mujer no es la amante, la amante no es la prostituta, pero puedes con las tres. El hombre es tu marido, pero puedes comportarte de tal modo y manera que logres regocijarte con quien sabe darte lo que quieres.

Quizá por eso Capricornio tiene tiempo. Se lo puede considerar egocéntrico, pero es eficiente, y el poder, la persistencia y la determinación son sus guaruras celestiales. Quizá también por lo mismo hay tantos personajes de signo Capricornio en las listas de los 500 más ricos del mundo.

Howard Hughes, tan rico, pudo decir: "No soy un millonario loco ni paranoico; ¡maldición!, soy millonario". Y era, por supuesto, todo a la vez, además de Capricornio como Diane Von Furstenburg, Aristóteles Onassis y Jeff Bezos (fundador de Amazon.com) entre muchos, muchos otros.

Sensualidad, mente y espíritu

En anales y papiros antiguos, Capricornio es quien ayudaba a las almas a adaptarse a toda circunstancia a la hora de subir al cielo, y en civilizaciones anteriores a la historia escrita, cuando todo pasaba de boca en boca, Capricornio era el vehículo para que ese "nuevo hombre" fuera construido. Posteriormente, en la Antigua Roma se celebraba una festividad llamada Saturnalia (en honor de Saturno, planeta que rige a Capricornio) durante la cual les ponían a esclavos los zapatos que usaban solamente los hombres libres. Así, repartían la comida y la bebida y en esas fiestas, todos probaban de todo, incluyendo favores sexuales. Por ley. Capricornio no deja de ser admirador de las leyes y las connotaciones legales por llevar eso heredado en el alma.

La carne y el cuerpo de los dioses de estas fiestas se preparaban bajo la premisa de que el festejo convertía a todos en uno solo, con poderes llamados en aquellos tiempos *sobrenaturales*. Muchos se iniciaban sexualmente durante esos días y, por lo tanto, todos esperaban la llegada de esa época con gran impaciencia.

> *Las estrellas no obligan, no anulan el libre albedrío de un individuo, pero imprimen en el alma un carácter particular. Con la primera chispa de vida cada persona recibe un temperamento y un patrón de todas las constelaciones de los cielos.*
> —Johannes Kepler,
> Capricornio

Al hombre y a la mujer de Capricornio les encanta "conseguir", y si es a largo plazo, mejor. Capricornio debería aprenderse de memoria algunos de los cuentos de *Las mil y una noches*, o leer algo del libro en voz alta con su pareja cuando han decidido *follar, coger, seducir, erotizar, cachondear, fornicar, desear, complacer, gozar* o simplemente *hacer el amor* y dormir tranquilos. A Capricornio le hace mucho bien repetir estas palabras de vez en cuando para ir entrenándose.

Utiliza hasta lo último

Nadie como Capricornio para encontrar sinónimos para todo, incluyendo, claro está, el amor. Hacer el amor. Valorarse haciendo el amor, además de valerse de su propia sensualidad para complacer o complacerse. Tu palabra, Capricornio, es *utilizar*. Este verbo puede implicar servirse de, manejar, manipular, beneficiar, recurrir a (¿por ejemplo, un dildo o una pócima de amor?), hacer el amor desmedidamente, darle destino a una relación, o simplemente recurrir al hecho para gastar calorías. Ah, Capricornio, pero cuando te aplicas bien, utilizas lo que tienes al alcance y te ocupas del otro y gozas, ¿quién te supera?

Turquesa como las aguas caribeñas

El tiempo es el mejor amigo de Capricornio. Puede, si quiere, pasarse tiempo en la cama, regocijándose con su pareja, horas y horas. O puede, si quiere ir a ver el *Havasupai creek* en Arizona, donde existe una catarata conocida como lugar sagrado para los indígenas havasu, lo cual significa "la gente de las aguas turquesas". Turquesa es tu color, Capricornio. Y puesto que, como Capricornio, eres admirador de la independencia y las cualidades de antaño, sabe que ese es el único lugar de Estados Unidos donde el correo todavía se entrega a lomo de mula.

Ápa y *Pakri*, (hombre y mujer en el idioma havasupai), siempre y cuando sean de tu signo, pueden vestirse de turquesa, o tener algo turquesa en el cuarto, lecho, playa o lugar donde desbordarse en erotismo. El color turquesa tiene un efecto calmante. Es considerado como el más "frío" de todos los colores y, ya que Capricornio puede ser considerado el menos acalorado de todos los signos, les va bien. Ahora, para contrarrestar esta falta innata de calentura, nada mejor que ir corriendo a la biblioteca y echarle una mirada a la nueva edición de *The Joy of Sex*, para que goces como el cielo manda y tu cuerpo te lo permita, y aprendas a usar la frase: "Lo que debe hacerse, se hará". Y así lo harás, con las manos, con un dildo, con tu sexo y con tu mente, para que tu espíritu se llene de toda esa emoción que tu enorme potencial puede, debe y quiere dar.

Detalles de tu sexualidad

Disfruto plenamente de mi sexualidad.
—Ricky Martin

Y aquí, en *El sexo y las estrellas*, donde juego con la idea de que el sexo y la sexualidad deben figurar como algo positivo, amable, divertido y hermoso en sus vidas, esta frase viene como anillo al dedo. En tu vida sexual necesitas alcanzar los máximos placeres, para que logres vivir plenamente. Al lograrlo, podrás hablar, gozar y compartir libremente el sexo con una pareja y tendrás la fuerza para seguir construyendo pirámides, triunfar en la vida cotidiana o lo que quieras: pintar escaleras hasta el cielo, viajar a las estrellas y otras cosas personales que satisfacen y logran lo

que todo Capricornio necesita, como algo de magia misteriosa que intriga y triunfa.

"Esa cosa que me hiciste, me gustó", dice una canción,
y Capricornio debe y puede seguir cantándola con sus propias palabras porque no le gusta más que lo que le gusta.
Nada de variaciones. "Lo que me hiciste anoche, te juro que
hasta el cielo me llevó", sigue la canción, y Capricornio
siempre lo seguirá cantando, cuando se sienta satisfecho. Así
como pudo haber construido cualquier pirámide, piedra por
piedra, de la misma manera monta y desmonta a su ser
amado, repitiendo un ritmo candente que nunca ha apagado
desde que el primer Capricornio descubrió lo que era una
noche de amor. Repiten, pero jamás se aburren.

El esqueleto es la parte del cuerpo que se integra con tu
signo, según los antiguos sabios. Los 206 huesos del esqueleto de cada adulto, sacudidos durante los 2 a 9 minutos que dura el acto sexual en sí, logran un buen ejercicio,
más allá del goce que causa.

El despertar sexual debe llegarte como una dulce sorpresa que te embriaga. Y, si necesitas un poco de alcohol
para reforzarlo, tómatelo. Ten en cuenta que el esplendor
bajo las sábanas es algo que mereces tener cada vez que encuentres a la persona adecuada, para tu bienestar tanto físico
como mental. Eso siempre te ayudará a lograr tus aspiracio-
nes máximas, tanto en el amor como en la vida en general.
Y, si tienes a mano una pareja constante, mejor aún. Algo
que nada tiene que ver con dependencia, sino que con puro
placer.

Hay quienes juran que Capricornio considera cada acto de amor como un negocio o que algo se negocia al hacer el amor. Dicen que fácilmente podrían pedir una tarjeta de presentación después de pasar una tórrida noche de amor con Capricornio. Fácilmente se podría esperar que Capricornio pregunte después de hacer el amor contigo: "A ver, ¿qué hemos logrado?" pues Capricornio, amo de todo negocio, sabe que es siempre se trata de dar una cosa y recibir otra a cambio. Espero que siempre sea algo muy placentero.

Amor animal a lo Capricornio

Edgar Allan Poe, de signo Capricornio, ignorado en vida, es ahora glorificado como el autor/profeta de la delicadeza moderna. Es conocido como uno de los escritores norteamericanos más brillantes y originales, además de ser el padre de las historias de detectives para la juventud de nuestro tiempo. Su poema, "The Raven" (El cuervo), es una de sus máximas obras. El cuervo, el pájaro, representa desde hace milenios a Cronos, otrora conocido como el dios griego de eso mismo. Los cuervos, considerados como uno de los pájaros más inteligentes del mundo, tienen mucho que contarnos. Sus recursos son infinitos (para salir de embrollos) y pueden ser bastante maliciosos. Saben perseguir lo que quieren, y se distinguen por su graznido: *caaaaw, caaaaw.* Cuando se aparean, lo hacen con los pies es la tierra. El macho muestra sus plumas y su cola, bajando a la vez el cuello y la cara, en pos de impresionar. Una vez apareados, se sientan juntos y cada uno le limpia el plumaje al otro, como diciéndose que en ninguna circunstancia dejarán de quererse —aunque esto no sea totalmente cierto. Pero el cuervo, como Capricornio, hace un pozo en el alma del amado. ¿Sabían que los pájaros sueñan y si sueñan sobre sus propias canciones, cantan mejor al día siguiente? Pues Capricornio, si sueñas con hacer el amor, la siguiente vez, también será mejor.

Kama Sutra: Tu posición ideal

Yo uso. Usar. Utilizar. Dedico, practico, recurro, me hago servir de mi sexo para regocijarme. Y así, enrédate, conviértete en una enredadera para sentir no solo tus propias rodillas y huesos, sino también para concentrarte y permitir que la posición llamada *Posición de presión* invada todo tu ser, y logres sentirte totalmente en confianza, algo que a veces te es difícil sentir. Pero si Ava Gardner, Kate Moss, Ricky Martin, Tiger Woods y Mel Gibson comparten este signo, por más dificultades que pudieran tener al verse desnudos frente al espejo, para Capricornio todo es posible. Y quién sino Capricornio es el más indicado para encontrar a su media naranja y adorarlo o adorarla durante años y años.

> *Voy, duro de pasiones, montado en mi ola única,*
> *lunar, solar, ardiente y frío, repentino.*
> —Pablo Neruda, de su Poema 9
> "Ebrio de trementina"

Capricornio mejora con la edad su paso, su inteligencia y el sexo. Si eres Capricornio o tienes la Luna en este signo, serás de los abuelitos que aún gozan haciendo el amor, y aunque tarda Capricornio en tener la espontaneidad que puede colmar sus ilusiones, leer una o dos veces *Memoria de*

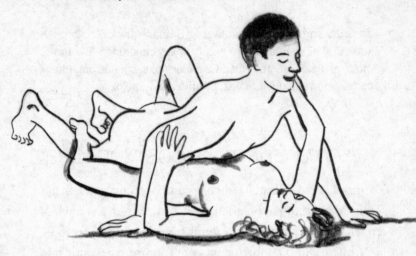

mis putas tristes, de Gabriel García Márquez, puede ponerte
en forma si pasas de los cincuenta años… y si no has gozado
al hacer el amor, debidamente, como te lo prometieron
cuando lo soñaste, a cualquier edad. Recuerda: ¡Sí se puede!
¡Sí se puede! ¡Sí se puede! Cada vez, sí se puede.

La autoridad es lo tuyo. Cuidado. El sexo y la autoridad
no hacen buena pareja. Y aunque dicen que esto podría ser
porque ustedes tienen fama de nacer ya sabiendo todo lo
que necesitan para triunfar, en el mundo del sexo, el eros y
las caricias, siempre hay cosas que aprender. Convencer a
quien quieres de lo que quieres no siempre es lo más conveniente. El calorcito que todos queremos al estar haciendo el
amor lo tendrás que bajar desde la posición de tu propia
Luna. Esta será siempre tu complemento en amores, y si está
en Aries, complace; en Tauro, relájate; en Géminis, enardé-
cete; en Cáncer, acurrúcate; en Leo, pregunta y cumple; en

Virgo, alcanza el cielo; en Libra, diviértete; en Escorpio, instrúyete para lograr lo soñado; en Sagitario, exprésate; en Capricornio, uno de los dos tendrá que ceder un poco; en Acuario, madura y toma tu tiempo; en Piscis, aspira y calcula cómo profundizar tus actos y tus deseos (los cálculos siempre te hacen bien, hasta en la cama); y en todos los casos, reparte palabras amorosas. No te quedes callado. Tú serás responsable por el acto del amor cuando lo haces, pero debe ser una responsabilidad que llena de placer a la persona (o personas) con quien estés.

Tu astro sutra

A jugar con tu prenda querida o con tu hombre, dicen muchas, o con la mujer que comparte tu lecho, dicen ellos. Déjate ir Capricornio. Permítete cosas que no creías posible que imaginabas nunca poder hacer. Concéntrate. Defínete con ternura. Y no te pierdas en silencios, que el amor debe ser escuchado, entendido, compartido, aunque sea por un rato.

Capricornio en pareja

Capricornio selecciona a Aries
¡Prometió bajarme el cielo y las estrellas, y me las bajó!
No tienes que haberte casado para decirle "Prendiste mi corazón, hermana, esposa mía" (*El cantar de los cantares*) a tu Aries querido. Pero cuando la (o lo) escoges, tu fuerza para

el acto del amor en sí, el amar, o simplemente tener una noche de desahogo sexual, comienza bajo la premisa de "plan con maña". Tu deseo, creyendo tú que quizá sea momentáneo, es muy fuerte. Tanto que podrías actuar sin escrúpulos, porque al momento de optar por ese amor, debes antes preguntarte si podrás enorgullecerte del hecho. Esta combinación me recuerda a los gritos desaforados de los italianos del equipo de la *Forza Italia* cuando ganaron en 1986 el Campeonato Mundial de Fútbol. Con algo de dificultad, esta combinación puede serte afortunada.

Capricornio toma a Tauro

Siempre sigue a lo demás

Capricornio, por tener como regente a Saturno, se refugia frecuentemente en la seriedad o en su propia formalidad. Esto sucede tanto durante sus tiempos medidos como en lo convenido. Pero, con Tauro significa que tus necesidades sexuales son bastante más alocadas, novedosas y libres. Es menester que estudies hasta su última consecuencia las palabras *ardor* y *ardiente*. No es simplemente el azar quien puso los atractivos de Tauro en tu camino, sino una necesidad de tu propia libido que se lo buscó. Sensualidad y cuantiosas caricias, algo que le permite a Capricornio ser diferente por querendón.

Martin Luther King (Capricornio) y Coretta Scott King (Tauro) tenían esta combinación, y con su frase, "El amor es un derrame del ser total de una persona dentro del ser del otro", se siente toda la fuerza que esta combinación puede tener.

Capricornio posee a Géminis

A veces lo que no se sabe tiene que ser encontrado

Como si por accidente encontraras de qué manera satisfacer tu curiosidad, Géminis debería haberte colmado de respuestas, pero puede haberlo hecho de manera un poco vaga y, por lo tanto, te encontrarás dispuesto a seguir buscando lo que te parece interesante, tanto como para seguir, hasta aburrirte o desenamorarte. Capricornio, cuando sigue a Géminis, puede ser el cuento de nunca acabar, como esas parejas que se ven una vez al año —año tras año. Con Géminis tendrás que encontrar los lugares de tu propio cuerpo que te hacen vibrar. No tanto lo que va con tu cuerpo astrológicamente, sino lo que identificas con la *cachondería*, aunque esa palabra podría molestarte. Géminis, regido por Mercurio, podría decirte algo como, "Creo que el sexo es mejor que la lógica, pero no lo puedo comprobar". Y así, Géminis sabrá como divertirte, algo que todo Capricornio necesita.

Capricornio se inflama con Cáncer

Intoxicarse de amor también es recomendable

Aunque tu signo se define por la constancia y la lealtad, al escoger Cáncer —el signo opuesto al tuyo— probablemente seas un Capricornio descarriado y caprichoso. Para ti, buenísimo, pero para Cáncer en tu lecho, o en el lecho contigo, no tanto. Tendrás que ponerle sábanas finas, flores bellas, tener ropa adecuada o la crema que suavice tu piel. Es decir, bien harías si lograras vigor y distinción. Con un poco de atención a "sus" gustos, pueden ustedes acertar y convertir los actos simples en actos de amor. De lo contrario, arriesgas que alguno de los dos fantasíen estar con otra persona. Y, logrando cautivarse, sería como encontrar las llaves de tu propia fortuna en el entorno de tu vida erótica-sexual.

Capricornio se apasiona por Leo

Prestigio con misterio y momentos electrizantes

En otras palabras, pueden echar chispas. ¿No te lo esperabas? ¿Leo te inflamó, te ligó, te cautivó? Así debe ser. Tu manifestación como hombre o como mujer en relación con tu propia sexualidad tiene mucho que ver con las habilidades y el comportamiento que muestras. Esperemos que sean tan creativas como los astros lo pregonan, que es mucho. El efecto debería estar fuera de toda proporción con su causa. Para bien. Y este Capricornio, con las agallas adecuadas por haberse fijado en Leo, debe hacerse notar y posteriormente haberlo conquistado (si es que no fue a la inversa). Capricornio tiene que tirar toda teoría por la ventana para poder descubrir un nuevo yo cada vez que emprende una relación que pudiera tomar un camino hacia la sensualidad tan importante para ellos. Leo está para recordarte quién eres, cómo quieres ser, y por qué debes tomar ciertas decisiones. El efecto no tiene proporción, es decir, puede ser una dosis muy pequeña o bastante importante. ¡Qué maravilla!

Dice Stephen Hawking, Capricornio emérito, que aunque nuestros cerebros no vienen equipados para visualizar once dimensiones a la vez, matemáticamente deberían sernos tan fácil de imaginar como con tres o cuatro dimensiones.

Así, para Capricornio, el primer paso hacia el amor es tan difícil como tener que visualizar por primera vez la tercera dimensión, como si fuera un bebé. Pero una vez que se propone entenderlo, el sexo puede tener todas las dimensiones posibles. Pues, a gozar en cada uno de manera diferente.

Capricornio escoge a Virgo

Toda relación es un mito personal con posibilidades mayores

Lento pero seguro, puede decirse Capricornio cuando escoge a Virgo. Virgo es un suave sujeto cósmico para el amor; sabe acariciar cuando debe y, si no lo hace, es porque así lo ha decidido. Tú, Capricornio, necesitas siempre tu propio aire, pero cuando usas tu muy personal manera de respirar, amar o hacer el amor, puedes sacarte el premio mayor. Puede ser que tu ritmo sea un poco más lento que lo esperado y esto no debe afectarte. Jamás. Ignora cualquier duda que puedas tener al respeto y dedícate a encontrar tus propias golosinas personales, tus gustos únicos, para que sean, además, duraderas. Virgo tiene el don de llevar en sus alas mercurianas (Mercurio rige este signo) los métodos de empleo de todos los signos y con ellos puedes premiarte con la promesa de que siempre podrás mejorar, enaltecer o superar tus ganas… en este caso, de sexo, por supuesto.

Capricornio opta por Libra

Decide, ¿quieres ser seducido o seducir?

¡Ah caray! Una combinación lujuriosa que puede ser olvidada en un santiamén, más bien por Libra que por Capricornio, porque Libra no perdona no ser "el único o la única" del momento. Y eso, al inicio, simplemente no lo puedes dar. Si tú, Capricornio, gastaste más de lo acostumbrado, o si pusiste más de la cuenta en la seducción, contaste los días o las horas con esmero o hiciste algo para impresionar, ¡excelente! Necesitas comportarte así de vez en cuando, y si te atreves, más de lo acostumbrado. Con Libra entre los brazos debes brillar, mostrar que sí eres el mejor, por hacerle sentir que no te sedujo (cosa difícil). Porque tú necesitas hacer eso mismo de vez en cuando. Tu signo te lo permite, y tu alma lo necesita. Y con Libra puedes comportarte como debes, puedes aprender y luego quedarte allí o seguir buscando el eros que tienes escondido. Así comprobarás que tienes algunos átomos de Casanova en tu ser —aunque no sea de tu mismo signo— y sin saberlo tienes algo de su envergadura sexual.

Resulta que los científicos dicen haber encontrado la clave del amor. Si realmente te gusta alguien, debes decírselo. Aparece esto en la muy respetada revista *Psychological Science*. Capricornio, aplícate. Sabrás de inmediato cuánto tiempo aplicarle al caso y nunca sentirás que lo estás malgastando.

Capricornio prefiere a Escorpio

Yo quiero lo que tú tienes para hacerlo a mi manera

Dicen algunos, que pretenden saber, que el sexo tiene que ver solamente con la reproducción y que la sexualidad va de la mano con la orientación y el comportamiento humano (en este caso). Pero el sexo, para Escorpio, es algo estrambótico y erótico, y puede contagiárselo al feliz Capricorno que se deje. Y tú, Capricornio, eres uno de los suertudos. El sexo para ambos debe ser profundo, mucho más de lo que proclama Stacy Nelson en la sección de Acuario. El sexo entre ustedes puede ser, si así lo decides (la decisión es tuya Capricornio, porque para Escorpio el sexo es algo mágico siempre), algo etéreo y misterioso, gozoso, perturbador (porque así no lo habías sentido), que te ayudará a sentirte dichoso y, además, suertudo.

Capricornio agita a Sagitario

¿En busca de una regresión erótica?

Espero, de todo corazón, que la última vez que hiciste el amor le hayas cumplido a tu pareja. Es decir, pensaste en SUS sentimientos y sentidos mientras recibías lo que creías merecer. El premio es saber que entre ustedes (Sagitario y Capricornio) debes de sentirte ne-ce-si-ta-do, Capricornio. Un sentimiento que no es usual en ti. Parece palíndromo, pero no lo es. Es una realidad que tienes que aprender a amaestrar para seguir firme y feliz en tu propia sexualidad. En esta relación Capricornio es el maestro que oportunamente necesita al alumno. Capricornio debe poder explicarse sin aburrir, interesar sin ahogar, y —sobre todo— ser y poder hacer. El verbo *dar* también se recomienda entre ustedes como dieta firme; dar como cuando regalas, dar como cuando haces algo para alguien, dar como cuando dispones del tiempo adecuado para complacer, y dar como cuando donas o permites que la persona con la cual estas haciendo el amor tenga la oportunidad, suerte y ganas de sentirse tan feliz como tú.

El grupo Naughty by Nature (díscolo por naturaleza), tienen textos demasiados picantes. Excelentes para ser estudiados por Capricornio, para que aprenda a "bajar un poco la guardia". Ejemplos a practicar podrían ser: contigo se siente rico; a ver como te mueves; y no te preocupes.

Capricornio con Capricornio, ante su propio espejo

Goza el gozo que estoy gozando

Platón, el gran pensador, dijo alguna vez: "Nada que tenga que ver con el humano es de suma importancia". Con esto, ambos no estarán de acuerdo, pero la idea existe y la relación entre ustedes debe permitirles, a ambos, construir algo. Si lo construido es beneficioso para los dos, excelente cosa. Pero sin olvidar que un Capricornio que seduce a otro, o que se deja seducir por su propio signo, se está mirando en el espejo, aunque el reflejo no sea lo acostumbrado. Es decir, ambos están buscando algo muy, pero muy diferente. Si hiciéramos una metáfora de este encuentro podría ser la de un torneo medieval, donde ambos, vestidos de diferente modo y maneras, con armas nada parecidas, quedarán planchados.

¿Qué hay, pues, detrás de la palabra *construir*? Fácil. Cuando Capricornio no está ordenando o edificando, no se sabe entregar del todo. Ni al quehacer, ni a la persona. Pero, en esta combinación, el resultado final es lo que menos importa. Lo más importante es cómo se forma y va construyéndose. Sin calificativos. Puro placer.

Capricornio enloquece por Acuario

No desasociar la sexualidad tierna de la sensualidad

Es posible que todo Capricornio quiera superarse en cada ocasión, bajo toda tentativa. A veces el deseo de ser libre te predispone a escoger un ser libre, y no hay persona más dedicada a su propia libertad que Acuario. Por lo mismo, esta combinación es una batalla constante que puede traerte grandes emociones y algunas decepciones, pero para ti, estimado Capricornio, esto le da una energía muy especial a tus citas amorosas desde que comienzas a sentir lo que es hacer el amor. Las restricciones que tú mismo construyes porque "así has decidido ser y así eres" si no se rompen o se deshacen (entre ustedes), se borran. Puede ser que esto sea lo que andas buscando al encontrarte con Acuario. La tensión y la fricción que indica tu posición astral del *Kama Sutra* encuentran un valor especial. Tendrás una relación complicada, que producirá recuerdos magníficos, si te atreves a dejarte ir un poco más hacia lo desconocido o hacia lo que pudiera estar por conocerse.

Capricornio seduce a Piscis

La ausencia de represión perfecciona todo fruto bendito

Apaga la luz y pon la canción "Bendita tu luz", porque en esta relación, los momentos perfectos pueden darse si ustedes encuentran los ingredientes mágicos adecuados. Largas noches de pláticas, el poder filosófico de las cosas, las locuras de la naturaleza, el significado de los poemas de amor o, ya sin rodeos, las buenas cuentas del banco. Si has podido o has tenido, al azar, la oportunidad de gozar con algo parecido, Capricornio, la primera piedra encantada ya la encontraste. Y solamente necesitas la tercera, pues la segunda está en leer estas líneas. No cejes ni dejes de regocijarte en los brazos del amor, porque tú también tienes necesidad de ciertas pócimas del amante para sentirlo todo. Las requires. Y mientras más tiempo pase, más ducho te vuelves y con mayor facilidad podrás mostrarte como dueño de la situación, siempre y cuando tomes en cuenta que la parafernalia también cuenta. Es parte de los sentidos del cuerpo humano. Dime, ¿cuánto tiempo ha pasado desde que te sentaste sobre una cama improvisada a saborear unas deliciosas frutas, cubiertas o no de chocolate? Platicar, reír y entenderse son las premisas para una larga noche perfecta, que incluye, por supuesto, hacer el amor.

Parejas famosas

No hay ninguna mujer tan conocida por bella, conquistadora del amor de los hombres, ni con tanto apetito sexual, como Cleopatra. Nacida bajo el signo de Capricornio, supo hasta su último día regocijarse en los verbos asociados con el amor: construir, esperar y cuidar su persona y su reputación. Su gran amor, Marco Antonio, nacido bajo su mismo signo, murió también bajo el mismo signo que ella: Leo. Otra mujer seductora y bella de nuestros tiempos, también Capricornio, es Sienna Miller. ¿Se imaginan a Sienna Miller y a Jude Law en la cama? Esta bellísima mujer le cambió la vida al galán y, siendo ambos del mismo signo (Capricornio), aún les quedó mucho que aprender juntos. Pero, como buenos baluartes de Capricornio, apasionados, dominan la situación y siguen en busca de su próximo gran amor.

Acuario
percibe

(20 de enero a 18 de febrero)

Sueña como si fueras a vivir eternamente,
vive como si fueras a morir mañana.
—James Dean

¿Te da por pensar que toda redención está a la vuelta de la esquina?

¿Te han dicho: "Tú no tienes remedio"?

¿Piensas que no quieres el remedio que tratan de imponerte?

¿Quisieras darle *todo* a tus seres queridos, pero a ratos?

¿Te ha interesado el ocultismo, las cosas fuera de lo común, y tus pensamientos son originales, diferentes y de energía rebelde?

Si no sabes qué contestar porque las preguntas te parecen muy limitadas, o si has contestado afirmativamente a más de tres de ellas, y si cambias totalmente de rumbo de vez en cuando o naciste entre el 21 de enero y el 19 de febrero, eres Acuario o tienes mucho de tu ADN cósmico en este impresionante signo. Has de saber que uno no nace Acuario. Acuario se impone.

Ser Acuario

La luminosidad de Acuario es muy especial, fuerte y ecléctica. Sus vibraciones y sus "vibras" son difíciles de controlar, quizá porque Urano, el planeta que rige este signo, es el planeta mas extraño de todos los de nuestro sistema solar. Tú, Acuario, como el planeta que te rige, eres siempre un poco fuera de lo común y diferente de la norma. No por nada se asocia al signo de Acuario con servicio a la humanidad, virtiendo el agua de la sabiduría para apaciguar la sed del mundo. Pero Urano, planeta regente de Acuario, es el más extravagante de los planetas de nuestro sistema solar.

Urano tarda un poco más de 84 años en darle la vuelta al Sol, pero da una vuelta sobre su propio eje en 11 horas. Es decir, que su año dura 1.008 meses pero su día dura 660 minutos. Para poder comparar y entender mejor tomen en cuenta que el día sobre nuestro planeta dura 1.440 minutos y, como bien saben, su año dura 12 meses.

De niño, Acuario hace lo que puede, y lo que quiere desde que se acuerda, a su modo y de manera muy especial, muy a lo Urano. El eje de Urano está casi acostado sobre el plano de su propia órbita. Su verano y su invierno duran 42 años cada uno, y sus influencias astrológicas fueron creadas para nuestra vida moderna; la electricidad, las vibraciones, el karma, el sistema circulatorio, el sexo original, la ciencia, la radio, la televisión y la rebeldía. Necesitamos de su sapiencia para seguir viajando hacia el futuro. Para muchos astrólogos, Urano es una entidad excepcionalmente independiente, que baña a los suyos —los de Acuario— rigiendo sobre generaciones más que sobre el individuo.

Acuario, recuerda que donde se encuentre Urano en tu carta astral es donde encontrarás la fuerza para rebelarte, algo que a la gran mayoría de los Acuario les parece divertido. Hasta ahora, no he conocido a un Acuario quien no se ha insubordinado o tramado algún alboroto con alguien en la cama.

Ahhh, pero ojo, esto no solo le sirve a Acuario. Todos tenemos a Acuario en algún lugar de nuestro propio horóscopo, por lo que Aries cede con Acuario, Tauro encuentra vitalidad con Acuario, Géminis puede enloquecer eróticamente con Acuario, Cáncer cura o realiza sus sueños con Acuario, Leo se independiza con su parte de Acuario, Virgo viaja a las estrellas con Acuario, Libra comparte uno, dos o tres viajes espectaculares con Acuario, Escorpio espera con gusto la venida o llegada de Acuario, Sagitario entiende y divierte a Acuario, Capricornio se "atreve" y se energiza con Acuario, Acuario y Acuario pueden reconocerse en sus propias locuras y Piscis se reinventa con Acuario.

Acuario siempre nos deja marcados porque nos permite *explorar*, y eso en la cama resulta demasiado interesante. Como dijo alguna vez Mr. James Lowell (Acuario): "Explorando nos reconocemos".

Wolfgang Amadeus Mozart nació bajo el signo Acuario, así como Christian Dior, Charles Darwin, Lord Byron, Vanesa Redgrave y Abraham Lincoln. Diferentes de aquellos de su época, siempre. Pink Floyd podría ser tu nemesis, Acuario —curiosamente, Pink Anderson el gran cantante negro de blues quien fue inspiración para parte del nombre de este genial grupo, nació un 12 de febrero. Acuario.

Sensualidad, mente y espíritu

Acuario tiene esplendor y a la vez vive con cierta angustia de tener que cumplir siempre todo lo que su largo historial cósmico promete. Tomándote de la mano, manifestamos toda nuestra libertad sexual, cada quien con cada cual, sin escatimar. Recuerda que cada vez que haces el amor, es parte de tu propia autobiografía, que con ese acto escribes líneas, páginas o creas algo que bien vale una misa.

Si eres Acuario, llevas una buena parte de la energía del universo en tu cuerpo, en tu alma. Acuario puede leer algo sobre un maravilloso y extraño té sensual, tomarlo y sentir que desea hacer el amor toda la noche sin parar, aunque sea en realidad té de hierbas común y corriente, porque Acuario disfruta los beneficios de lo que cree poder disfrutar con simplemente cerrar los ojos.

Gran parte de su placer sensual está en su cabeza —aunque el punto corporal que rige este signo sea la circulación y los tobillos— porque Acuario tiene una veta original e idealista que, con un poco de suerte, lo ayuda a amar. Amar en todas las formas. La pareja, los amigos, sus mascotas y hasta sus posesiones predilectas. En una encuesta bastante seria, sobre el sexo sin proteccion y el sida, al mostrarles dibujos, fotografías y pinturas sensuales, a los habitantes de este signo no les molestó una serie de fotomontajes de insectos de tamaño humano haciendo el amor con un hombre o una mujer. Veían la importancia del mensaje y, a la vez, el erotismo del mismo. Acuario lo entiende todo, pero también es capaz (como Escorpio) de probarlo todo.

George Simenon (Acuario), escritor de unas 200 novelas, capaz de escribir entre 60 y 80 páginas diarias, creador del detective Maigret, dijo que se dio el tiempo de tener 10.000 encuentros sexuales con todo tipo de mujeres, algo que para él (decía) formaba parte de su vida cotidiana. Belga de nacimiento, en su país natal fue honrado con una moneda de plata conmemorativa, quizá por la misma razón.

Saber es clave

Qué bueno, Acuario, que tu verbo personal es el verbo más *ad hoc*: saber. Acuario necesita explorar todas las posibilidades imaginables para saber más. Cuando se trate de saber, nadie podrá ganarte y tú seguirás inventando lo que nosotros (los demás) podemos aprender de ti, hacer contigo o simplemente admirar de ti. Contigo, Acuario, aprendemos lo que queremos saber, en cualquier tiempo y circunstancia.

Eso hace que exploremos nuevos horizontes y salgamos todos ganando.

El arcoiris está contigo

Tu color es un manto de muchos colores; el espectro del arco iris. Eres el único signo que alberga todos los colores. Por medio de las ondas electromagnéticas vemos los colores. Ellos requieren un medio ambiente para transportar su energía, y tú estás repleto (más que nadie) de cargas eléctricas internas, frecuencias encontradas y todo lo inexplicable. Así es que tienes la capacidad de que los que se encuentran entre tus brazos vean colores y se familiaricen con lo que nunca imaginaban: el éxtasis total.

Detalles de tu sexualidad

Cuánto más envejecemos, más nos gusta la indecencia.
—Virginia Woolf

Curiosamente, los chistes sobre el sexo tienen que ver con Acuario (será que cuando los contamos se enaltece Acuario en nuestra propia carta astral), así que cuando hablas de sexo a gritos, sexo callado, sexo con seguro social (*me dan algo mensualmente, pero no lo suficiente para sobrevivir*), sexo confundido, sexo premiado, sexo meramente entre mujeres y sexo solo para hombres o sexo de la tercera edad, Acuario, mejor que nadie puede entenderlo todo. Y nadie como Acuario para hacer el amor desenfrenadamente.

Si usas el Internet para leer o indagar sobre el sexo, estás bajo la influencia de Acuario, signo ligado al Internet. En universidades de envergadura, dicen que este medio (el Internet) es tan importante que seguramente será reconocido como la nueva revolución sexual. Hoy día entre 23 y 33 por ciento de los internautas buscan información sobre el sexo. De estos, 59 por ciento son profesionales y 64 por ciento son casados o tienen una relación de pareja estable. El cibersexo es otra cosa. Aunque hay quienes tienen fijaciones alocadas con esta gran novedad, como sucede siempre.

El sistema linfático es representado en el cuerpo astrológico por Acuario, y una de las primeras personas en hablar del mismo fue Hipócrates. Regula los nervios y es un sistema complicadísimo que incluye todas las estructuras dedicadas a la circulación. Bendito seas, Acuario. Puedes calmarnos o volvernos locos. Enajenarnos o hacer que queramos salir corriendo al verte. Tú mandas, nosotros te seguimos, y en tu casa espero tengas un buen volumen del *Kama Sutra* con todas sus posibilidades y posiciones para hacer que nos sintamos visibles, invisibles y con vidas paralelas.

Amor animal a lo Acuario

El animal que representa Acuario es cualquier ave de largo alcance, pero me gusta mucho más la idea de que Acuario estudie un poco más su flor: la orquídea. Una de las razones es que existen más especies de orquídeas que de cualquier otra planta, con nombres sensuales y colores increíbles. Crecen sobre líneas telefónicas o sobre otras plantas, y cada una de sus 35.000 variedades tiene colores diferentes, tamaños diferentes. A sus pétalos se les llama *labios*. *Orkhis* significa "testículo" en griego antiguo y de ahí la historia del joven llamado Orchis, hijo de una ninfa y un sátiro, quien por hacer de las suyas fue convertido por los dioses en la primera orquídea. ¡Qué perfecto para Acuario! Confucio comparó a la orquídea con el hombre superior, y su relación con la virilidad, la fertilidad, el sexo y las partes eróticas del cuerpo es una delicia. Fíjate bien, Acuario, en la orquídea. Ten siempre una próxima a tu cama y estudia el modelo de la orquídea para entender tu propia sexualidad. Ninguna flor ha impresionado tanto al humano como esta, así como tu signo, que tanto nos fascina, nos cautiva y nos apasiona y a veces nos obsesiona.

Kama Sutra: Tu posición ideal

El columpio en sí tiene que ver con la temporalidad, lo poco durable. Pero además, tiene que ver con la libertad absoluta. El sustantivo, *columpo*, o el verbo *columpiar* indican una acción vigorosa, un ritmo garboso o desenvuelto, un cambio de dirección. Y todo esto le va bien a la mujer o al hombre Acuario. Por lo tanto, en la posición del columpio,

donde el hombre se balancea sentado con la mujer sobre él, ambos gozan. Flexionan, cubren y descubren y determinan cómo satisfacerse con dicha total. En los años ochenta a las parejas que gozaban en relaciones de sexo compartido las llamaban *swinging couples*. Algo que le va muy bien a Acuario. Por otro lado, dice el diccionario de los sueños que si sueñas con una bella metáfora sobre un columpio, andas buscando satisfacción y libertad. ¡Qué bueno que todos tenemos al signo de Acuario en algún lugar de nuestra propia carta astral, para poder gozar de esta posición tanto como ustedes!

Al terminar de hacer el amor, Acuario, te puede provocar ganas de decir que ahora lo quieres hacer de otra manera, sin ropa, bajo una luz roja, lo que sea. Esto, posiblemente sea porque tu ánimo anda, recorre y vagabundea por el universo aunque nunca salgas de tu cuarto o casa. Acuario, mientras más averiguas, más refinada se vuelve tu propia vida sexual y con ella, tus deseos. Puedes convertirte en sibarita; tus deseos van más allá de la satisfacción personal. Una cosa segura es que probarás de todo si se te presenta la ocasión y, si no es así, soñarás con hacerlo.

Tu astro sutra

Mantra es una sílaba sagrada que tiene un sonido mágico; una fórmula secreta de encantación que ayuda toda energía y, si la energía es erotica, expande la consciencia. La raíz del verbo es pensar. Pensarlo todo pues, y hacer lo mejor que puedas, siempre será recomendable. Si encuentras alguna entonación sagrada, las mantras te cobijarán como si fueran estrellas para que tu dicha sea total. Para Acuario, con música siempre es mejor.

Acuario en pareja

Acuario selecciona a Aries
Unas duran, otras no, pero nada mejor

Estando al borde de un precipicio (donde dice que se encuentra la flor del pensamiento del acuariano Stendhal, algo que él aconseja evitar) nos viene un mareo casi enloquecedor o se nos ocurre la idea momentánea de flotar hacia abajo, o de aventarnos. Uno puede imaginarse cayendo o volando. Dicen que soñar que uno vuela significa, definitivamente, ganas de vivir aventuras eróticas, y la verdad es que cuando ustedes (Acuario y Aries) se juntan, todo esto puede suceder a la vez. Pueden ambos sentir mareo, enloquecimiento, locura, fantasías, quimeras extrañas y apariciones inimaginables. Puede ser como un grato, voluptuoso, mórbido o refinado. Y habrá que tomar en cuenta que se prende la mecha de la incongruencia de vez en cuando. Alguno de los dos tendrá que hacer un sacrificio y nunca comparar esto con el resto de la vida erótica, porque la combinación deja siempre un sello de ventura o de aventura.

Acuario toma a Tauro

Enamorándose de sus propias historias

Entre ustedes, deben encontrar las palabras *posesión, poseer* y *el deseo de tener "lo mío"*. Acuario toma de Tauro lo que cree merecer, pero como Tauro no es un signo que permite ser manipulado o manipulada, quedarán espejismos para rato. Tendrán que saber balancear sus bienes materiales, psíquicos o ideológicos. Pero tú, Acuario, te inventas una y otra vez, por lo general una vez cada siete o cada ocho años, además de cada vez que haces el amor. Simplemente porque sí, porque puedes. Tienes una imaginación desbordante, por lo que también podrías inventártelo con cada rito amoroso o prometer dejarle a cada quien su propia historia, sin importarte si es larga, corta o simplemente pasajera. Porque tú, Acuario, sabrás siempre hacer que el amor se disfrute.

> *Un buen estornudo se parece al sexo, una de las mayores*
> *diversiones de nuestra existencia.*
> —Jerry Seinfeld, Tauro

Acuario posee a Géminis

Conveniente para ambos, y rico para quien quiera

Esto es asunto para adultos. Y mucho depende del ritmo de vida de cada quien, pero la relación en sí, carga vínculos con la madurez. Y la descripción correcta del momento se compara con el estado o sazón debida para ser recolectado o para comerlo (entre ustedes). Acuario y Géminis al juntarse están buscando, sin saberlo quizá, una relación válida. Ambos tienen su muy personal estilo de sentirse *a gusto*, pero al tomar los pasos para pasearse entre sábanas está en acción su alter ego, sus necesidades básicas de lo que les depara el destino. Su organismo se encuentra pleno para dar y recibir y esto es algo que bien vale la pena atreverse a sentir y ser aprovechado por los senderos que fortuitamente les ha tocado recorrer. ¡Qué deleite!

Acuario inflama a Cáncer

Pan y queso y algo más

Ese *algo más* bien podría ser un buen vaso de vino para que si se encuentran en una situación demasiada complicada, le puedan echar la culpa a eso. El vino. Dicen algunos que algo de vino le habla al miembro masculino (pene) y que solo salva sea parte (el clítoris) le sabe contestar. Las cosas podrían enredarse entre ustedes (un poco) porque ambos tienen algo en común que no les gusta compartir: el deseo de mejorar al mundo y al prójimo. Pero ustedes, bajo las sábanos, pueden arreglarlo todo y una vez que se levantan, aparearse de nuevo o tomar más vino. Ambos disfrutarán cualquiera de las dos cosas; ambos son sibaritas. Como bien dijo Omar Khayyam: "Dos amantes / Dos frascos de vino /

Un libro de versos / Y un lugar íntimo en el jardín". Con esto, sabrás cómo equilibrar tu vida diaria con tu vida sexual, algo que a Cáncer le es un poco difícil. Para que funcionen ustedes, necesitan encontrar cierto sosiego, y esto podría ser también tan sencillo como hojear el *Kama Sutra* y ver todas las dulces sutilezas que enseña.

Acuario se apasiona con Leo
No sé si estoy, pero si sé que siento

Signos opuestos, búsquedas y encuentros emocionantes, deslumbradores, aunque a veces indescriptibles. La combinación puede enredarse de diferente modo y manera que cuando tú eres el escogido o la escogida por Leo, Acuario Recuérdalo porque aquí, Acuario, piensas bastante menos en ti que Leo. Y Leo podría representar un ligero chupacabras (alguien que te hace bien pero te hace sentir incómodo) para Acuario. Acuario, podrías estar buscando más bien con quien acostarte, en vez de hacer el amor con *esta* persona. Y Leo, podría mostrar su lado más difícil porque ambos tienen a la vez demasiada individualidad. Ambos se retan, y ambos podrían abrirse puertas tan íntimas que Acuario podría convertirse en el decodificador de los amores difíciles. ¿Por qué? Por haber descubierto algo delicioso, interesante y más profundo de lo esperado.

Acuario escoge a Virgo
Uno de cal por uno de manteca

Me encanta repetirme, porque no tengo que pensar tanto y me doy la razón una vez más. Va *de nuez*, pues. Los signos contiguos son los que mayor diferencia tienen entre uno y otro. Acuario, escogiendo a Virgo, está escogiendo algo que presiente no tener y que espera que Virgo puede darle. Como si fuesen signos contiguos. Pero en este caso, si Acuario se deja llevar un poco y acepta el tono y las expectativas de Virgo, podrá quien se rige por Mercurio hacerle ver a Acuario que dejar de desafiarse cuando quiere hacer el amor es algo positivo. Acuario siempre está a la búsqueda de su propio enriquecimiento por medio de los sentidos de su propio cuerpo. Hacer el amor es ponerse en vías de curación, no por estar enfermo, pero por estar a la búsqueda. Acuario, aquí podrías encontrar alivio adecuado, amanso entretenido y confort aligerado.

Acuario opta por Libra

El gusto perdura

¿Cuál es la razón del verbo *optar* entre Acuario y Libra? Pues la razón inequívoca de que Libra siempre te da esa oportunidad. La de optar. Y cuando Acuario ha escogido una pareja bajo esta premisa (la de Libra), está a la vanguardia. Con Libra, Acuario se refina y busca instintivamente cómo dar los últimos toques para lograr una unión perfecta (para Acuario). Tú, Acuario, naciste con la posibilidad de ser uno de los seres más eclécticos, individualistas y únicos del cerco zodiacal. De ti, depende. Todos llevamos a todos los signos en nuestro propio ser, así como todos tenemos piel, huesos, corazón y aparatos sexuales entre las piernas. El uso que le damos, es unipersonal. Siempre. La astrología es herramienta que puedes dosificar según tu propio gusto, y el conjunto

tuyo debe proporcionarte un sentimiento de libertad del espíritu. Cada ser, Acuario, tiene que rellenar sus tiempos con
lo que le venga en gana, y si es con Libra a tu lado, ¡vaya si
tienes trabajo! Delicioso trabajo, si lo tramas bien.

Acuario prefiere a Escorpio

De nuevo... again... encore... pero no pierdas
la concentración

Crees ser inmensamente feliz hasta que vuelves a parpadear.
(A las 16 horas de estar despierto o despierta, has parpa-
deado aproximadamente 15.360 veces, 16 veces por mi-
nuto.) Lo que digan los demás no debe importarte, y día
por día, con la misma persona o con uno tras otro, el futuro
es instantáneo. Escoger a Escorpio, para Acuario, significa
que realmente tienes muchas agallas, bastante espíritu y ganas inesperadas de complicarte la vida. Pero esto lo podrías
convertir en una complicación excelente, divertida y algo
como lo que siempre has soñado, así que cómprate buena
música, para los intervalos. Acuario necesita retroalimentarse
con música. Y con Escorpio, seguramente llamarás la atención (por una razón o por otra, en las buenas o en las malas).
Acuario no tiene por qué eliminar prestigio olvidado ni reputación abreviada, y aunque Escorpio podría servirte el
amor sobre una charola de plata, podría también contra-
riarte. No los vayas a eliminar por algo tan banal. Sería des-
aprovechar un momento único.

Curioso, Acuario frecuentemente se da gusto en aprender ciertos datos y cifras que otros ni se imaginan... como eso de que la célula más grande del cuerpo humano es el óvulo femenino (1/180 de pulgada), y que la más pequeña es el espermatozoide masculino... unas 175,000 células de esperma pesan lo mismo que un solo óvulo.

Acuario agita a Sagitario

Nada personal previo a lo divertido

Al futurólogo Arthur C. Clarke, autor de ciencia ficción, nominado para el Premio Nobel (1999) y de signo Sagitario, desde pequeño le encantaba mirar las estrellas. Su frase, "La ingravidez aportará nuevas formas de eróticas", debería ser ilustrada por Acuario. Alguna vez le preguntaron si era gay (esta palabra significa también "alegre" en inglés) y Clarke respondió con un rotundo no, mientras sonreía, y continuó diciéndole al preguntón; "Simplemente soy ligeramente alegre". Acuario, Sagitario te excita y la excitación te hace mucho bien. Como también lo haría hacer el amor en el espacio... en la ingravidez... bajo el agua... moviéndote, hirviendo, estremecido, vibrante, perturbado, con Sagitario. Esta es una pareja indomable para Acuario, y eso es lo mejor que te puede suceder. Sagitario y Acuario están a la vanguardia, ambos saben alejarse de su camino para probar lo que sea. Y si esto te viene *fácil*, deben quedarte ganas de seguir aprendiendo.

Acuario erotiza a Capricornio

El tiempo es aliado, no enemigo del erotismo

Aquí, uno es el intérprete, y otro el conductor. Regia cosa si se atreven a jugar con la fantasía pura y la imaginación de ambos. Elegir ser erotizado por Capricornio es algo raro, porque Acuario y Capricornio van bien juntos, pero son signos que buscan cosas diferentes en la vida. Acuario prueba de todo y Capricornio prueba lo que ya conoce —le cuesta trabajo probar. El afamado Herbert Marcuse se preguntaba si el erotismo no era un producto de la civilización en su forma destructiva. Si les gusta la idea, o les parece fascinante, consigan el libro *Eros y civilización* de este filósofo. Mientras tanto, la pregunta ni se pregunta cuando están ustedes juntos, porque otras preguntas menos filosóficas seguramente aparecerán desde que comienzan a tratar de entenderse sexualmente. Constructivamente. Mientras más hablen entre ustedes, mejor, porque así se verán dispuestos a liberarse cada vez más, hasta saciarse a veces, para luego recomenzar cada vez con más gusto si les es posible. Recomenzar a hacer el amor es siempre excelente cosa.

¿Nunca escucharon hablar del *orgasmo global*? Su impacto existe por Internet. Programaron que durante un día, los participantes concentraran sus pensamientos durante y después del orgasmo, en la paz. La meta es clara: con tanta energía positiva, el campo energético de nuestro planeta Tierra reducirá los niveles agresivos tan peligrosos que todos sufrimos. Acuario podría convencer a un gran número de participantes. No creo que le cueste mucho trabajo.

Acuario con Acuario, ante su propio espejo

La experiencia no es lo que te sucede, es lo que haces con lo que te sucede

En mi biblioteca astrológica hay aproximadamente 4.000 libros, y en uno de estos libros muy queridos y antiguos se dice: "Bien probable es que los constructores de la gran Esfinge de Egipto la erigieran con la cara hacia el Este como el símbolo concreto del vigilante de todos los tiempos; espera la llegada del individuo que culminará el destino de toda la raza humana. Por su poder, su fuerza, y el control que ejerce este humano-león, la Esfinge es la personificación de la sabiduría divina: Acuario." No salgan corriendo a mostrarle esto al resto del mundo, ya que toda persona nacida bajo este signo también tiene que sufrir con sus propias fantasías. Pero, tengan en cuenta que Acuario con Acuario hace dos Uranos. Esto es algo que puede ser perverso, pues podría llenarlos de demasiados recovecos y preguntas inesperadamente difíciles de contestar, además de encuentros, pasiones y abrazos inesperados que provocan nuevas búsquedas y tanteos. A mí, personalmente, se me antoja lo suyo, y los felicito.

Acuario seduce a Piscis

Aprender a separar el "yo" del "yo deseo"

Encomiéndate a la buena hada Tatiana, la que baila y consuela a los preocupados en el *Sueño de una noche de verano*. Tatiana tiene la capacidad de darle consejos a toda la creación. Es más, escribió la guía definitiva de la evolución del sexo biológico, que explica todo ego y agonía sexual. En ciencia ficción, por supuesto. Con Piscis, Acuario debe poder reconciliarse con sus sueños cada vez que hacen el amor (aunque fuese en el closet de un aeropuerto como en la escena primera de *Six Feet Under*). Todo dependerá de lo que encierras en tu complicado y amoroso ser (la pruebe de esto es el haber escogido a Pisics), además de los aspectos de paso en tu horóscopo personal. Las palabras sutra, karma, kundalini y la posición de los planetas que te están rodeando, por el momento tienen mucho, muchísimo que ver con tu manera de abordar el sueño sexual y ese destino que tiene cadenas de sincronía, difíciles de explicar. No desperdicies tus propios recursos. Conócete al derecho y al revés, vestido y desnudo, porque lo más importante para tu bienestar en la gran vía sensual que aún te falta es la tranquilidad. Con Piscis, podrías encontrarla.

Parejas famosas

Miren que cosa tan genial dijo Shakira (Acuario): "Eres una canción escrita por las manos de Dios". Yo me imagino que cuando hace el amor con su amor, se lo susurra al oído, y por eso lo tiene tan contento. Antonio de la Rúa (Piscis) vive el sueño de ser su gran amor, y por más que duren, amen, se acarician y se comprendan, nadie como Piscis para soportar cualquier cosa cuando ama. Por lo mismo, a esta combinación de pareja les viene bien un buen manual sobre cómo hacer cuando quieres hacerlo, para no perder el tiempo y sentirte a gusto al terminar.

Piscis

disuelve y consolida

(19 de febrero a 20 de marzo)

Espero poder desear siempre más de lo que puedo realizar.
—Miguel Angel Buonarroti,
Piscis

¿Crees que la inspiración, la fe o la magia pueden sacarte de cualquier embrollo o problema?

¿Lloras con facilidad y gozas haciéndolo?

¿Gozas con facilidad y te emocionas al recordarlo?

¿Te gustaría hacer cosas (en la cama) que no te atreves a decir, o que tu pareja te hiciera lo que no te atreves a pedir?

¿Amas con locura a quien estás amando, pero te acuerdas con delirio de quien has amado?

Si te atreves a responder afirmativamente a más de dos (y en secreto a más de cuatro) de las preguntas arriba expuestas, tienes mucho de Piscis. Y te felicito. Dichosos, porque como alguna vez dijo Paul Valéry (con asteroides en Piscis): "El alma es la mujer del cuerpo. Ambos no comparten el mismo tipo de placer, o por lo menos, raras veces gozan a la par". ¿El cuerpo será del hombre Piscis, y el alma la parte femenina? Quizá. Suena bonito y en el símbolo de este signo, dos peces nadando en direcciones opuestas, nos recuerda que es un signo masculino y femenino a la vez. Se adaptan. Entienden.

Ser Piscis

Piscis sueña. Piscis está presente en el mundo para ayudarnos a soportar lo que viene, lo que fue y lo que somos. Casi se podría decir que Piscis nos promete que habrá un futuro mejor, que bien necesitamos.

Piscis tiene una dualidad: puede amar a los suyos y a la humanidad a la vez, sin poder evitarlo. Y Piscis, cada vez que hace el amor, lo hace en nombre de todos. Tiene un sexto sentido. Más que intuición sería una *percepción extrasensorial*, la cual a veces desborda a lo extrasensual al estar con quien sabe querer o quienes saben quererlos.

Los nacidos bajo el signo de Tauro posiblemente sean los monarcas de los cinco sentidos formales (oír, ver, tocar, oler y saborear), pero en lo que a la intuición se refiere, Piscis es el soberano. El zar. El faraón. Y lo es porque elige serlo. Es decir, cuando Piscis quiere o aprende a ser el escogido de los dioses para enaltecer su propia libido, su intuición siempre lo ayuda.

Solo cuando coges... estás límpidamente vivo y eres más límpidamente tú mismo... Sexo no es solamente fricción y diversión superficial. El sexo también es la venganza sobre la muerte. No olvides la muerte. No lo olvides nunca. Sí, el sexo también es limitado en su poder. ¿Pero, dime, qué poder es mayor?

—Philip Roth (Piscis), de *El animal moribundo*

Cada palabra tiene su signo astral y, a la vez tendría una subdivisión para perfeccionarlo, como un diccionario eterno con millones de palabras que tendrían contenido y el significado personal de cada una de las supuestas cuarenta mil palabras que conforman la lengua española. Pero mejor nos abocamos al signo del zodíaco del escritor Roth, nacido un 19 de marzo. Por supuesto que no escribió esas palabras intensas, punzantes y conmovedoras (como puede ser Piscis) para algún signo en especial, pero resulta que va y vale para que las lean todos los de Piscis y las digieran como mejor crean posible. Y, si se atreven, propáguenlas de vez en cuando; les quedan como anillo al dedo.

Piscis es un ciudadano del mundo, y simbólicamente siente que tiene que llegar a terminar con las historias que no son propiamente suyas. Piscis libra batallas internas y es el signo de la solvencia universal. Y Piscis carga como municiones las balas de la melancolía. Piscis es alegoría de sí mismo y dualidad de su propia alegoría, y de los Piscis esperamos que puedan ser tejedores de ilusiones y que no se pierdan en aclaraciones. Cuando despiertas con alguien de este signo, cuidado. Puede haberte cambiado en sus sueños; haberte cambiado por algo soñado o seguir allí, consciente de que eres quien siempre ha soñado.

Sensualidad, mente y espíritu

Dice Karen Nelson, profesora de una universidad en Uruguay, que los fondos (la prenda femenina) "tomó el mismo camino que la virginidad"… ya no le damos tanta importancia… Esto es muy posible, para todos los habitantes de todos los signos, menos para Piscis. Y Piscis tiene el gran don de ser o maestro o alumna. Especialmente en brazos de Eros. Es decir, cuando hacen el amor nos muestran lo que se puede hacer o nos pregunta qué se debe hacer. Porque Piscis, haciendo el amor sin ese especial interés, está jugando rudo. Piscis puede ser perverso consigo o con quién esté a su lado. Aunque frecuentemente, cuando indagan en la perversidad, es porque les resulta difícil afrontar la realidad; así les tocó vivir.

Según una divertida encuesta, el 47 por ciento de los hombres gozan más con el sexo que con dinero, mientras que entre mujeres, se reduce al 26 por ciento quienes prefieren el sexo al dinero.

Piscis podría mejorar estas cifras (mejorando el porcentaje hacia el sexo) porque su signo representa la llamada *segunda iniciación*, la cual se despierta al hacer el amor por primera vez y les permite determinar su verdadero destino. Piscis llena todo de amor mientras le dura el amor, y puede durar largo tiempo gozando del sexo, mientras le dura la calentura. Piscis comprende bien lo que significa el viento que impulsa las alas de los humanos de todos los signos. "Donde haya otro hombre, lo encontraré y lo aceptaré", dicen que dijo el primer Piscis, y se movió entre los humanos como pez entre las aguas. Por lo mismo, en las Vedas de la antigüedad, el Sol fue sacado de los mares donde se escondía de Piscis.

No es que debamos quererlos más, pero los Piscis tienen que hacernos ver, sentir y añorar para poder seguir adelante, seguir probando, seguir amando y por supuesto seguir haciendo el amor, para seguir viviendo, renaciendo y que todo vuelva a comenzar. Además, todos tenemos a Piscis en nuestra propia carta astral y es allí donde se encuentra, donde tenemos que aprender, como volver a empezar.

Vivir para creer

Para Piscis, vivir esta muy ligado a *creer*, su verbo redentor. Con Aries, cree valientemente; con Tauro, cree lo que se necesita; con Géminis, cree los cambios del porvenir; con Cáncer, cree lo que siente; con Leo, cree activamente en los logros prometidos; con Virgo, cree analíticamente y ve críticamente; con Libra, cree en los colores de sus sueños; con Escorpio, cree en lo imposible; con Sagitario, cree en las

ambiciones de ambos; con Capricornio, cree que la confianza es suficiente; con Acuario, cree que deben explorarlo
todo; y con Piscis, cree que todo se vale.

Verde como el mar

Hay quienes dicen que el verde mar claro es el color del
universo, por lo que no me sorprende que este sea el color
de Piscis. Verde mar se relaciona con el mar, la vida, los árboles, el crecimiento y la prosperidad. Verde mar, de la orilla
a las profundidades desconocidas. Para reponerse, el color
verde mar es lo que necesita Piscis. Este color tiene un elemento mágico que propaga emoción en Piscis. Los hace
sentir como cuando terminan de hacer el amor: plena, pleno
y feliz.

Detalles de tu sexualidad

*Al que apague la luz, le aconsejo que cambie de pareja… y
que replantee su relación.*
—Nacho Vidal (Luna en Piscis)

Piscis fácilmente podría ser uno del 14 por ciento de hombres o 69 por ciento de mujeres que confiesan no haber
gozado con su primera relación sexual. Porque Piscis sabe
instintivamente que el deseo y el organismo forman parte

de los principios del "gran placer", y para eso hay que ensayar, trabajarle, dejarse llevar y dejar que las inhibiciones dejen de ser su vigilante. Algo que Piscis puede lograr, pero necesita ejercitarse. Como si estuviera logrando un abdomen plano o unos brazos musculosos.

Con Piscis se resumen las metas antiguas de la vida: *dharma*, satisfacción religiosa, social y moral; *artha*, bienestar material y *kama*, los placeres y el amor. No olviden que en épocas antiguas, el sexo (para los hindúes y los chinos taoístas por ejemplo) era un deber religioso, algo que ponía a quien lo ejerciera "a tono" directamente con el infinito, mejorando así el karma. Piscis sabe cómo explicarlo y cómo vivirlo.

El cuerpo humano tiene suficiente hierro para hacer un clavo de 6 centímetros, sulfa para acabar con todas las pulgas que pululan sobre un perro, carbono para hacer 900 lápices, potasio para disparar un cañon (de juguete), grasa para hacer 7 barras de jabón, fósforo para elaborar unos 2.000 cerillos y agua para llenar un tanque de 10 galones. Como estos datos hay muchos más, y con Piscis puedes elaborar un folleto de trivia y entrelazar tu sexo y el suyo mientras lo hacen. Son los poetas del zodíaco.

Dicen que Piscis, por ser el último signo del zodíaco, es el único que tiene un poco de todos los otros signos, y por lo mismo, la parte del cuerpo que les corresponde son los pies. Cuarenta y nueve de los 204 huesos del cuerpo se encuentran en los pies. Son extremadamente sensibles y llevan el peso entero de sus dueños a donde quiera que sea, muy parecido a como el amor de Piscis puede abarcarlo todo. Los pies dan unos diez mil pasos al día, lo que durante toda una vida suma aproximadamente 805.000 kilometros; suficientes kilómetros para darle la vuelta al mundo cuatro veces, subiéndote a la cama de quien quieras, cada vez.

Amor animal a lo Piscis

Las sirenas, aunque no sepamos si en realidad existen, son justamente el animal o ser perfecto para representar a Piscis. Sienten dolor, saben lo que es la alegría, sufren y se cuidan las unas a las otras. En teoría, una sirena tendría órganos reproductivos que le permiten al macho enamorado depositar su esperma bajo el agua sobre los huevecillos dejados por ella, pero en la mitología —así como hoy en día— la cola de la sirena, cuando ella así lo desea, se parte en dos y devela piernas y una vagina con los atributos necesarios para gozar, permitiéndole a su vez el goce a su pareja. La sirena mitológica (Oviedo las llama las verdes hijas del mar) o la moderna (como la de la película *Splash* con Daryl Hannah y Tom Hanks), el logotipo de Starbucks o la ninfa acuática de Alejandro Pushkin —quien escribe en su *Rusalka* (La Sirena): "El viejo por haberla visto no pudo dormir ni un instante"— siempre embruja. Para Piscis, embrujar es parte del éxtasis de la vida. Entusiasta, Piscis seduce, se ilusiona, se enamora, asombra al conquistar, se pasma de gusto, se trastorna por el conjuro del amor y cae rendido a los pies de quien le proporciona el poder que le permite perder todo miedo cuando hace el amor.

Kama Sutra: Tu posición ideal

Para Piscis, cambia el tiempo, pasan los días, pero la perspectiva de las cosas no cambia. Aunque sea una Luna nueva o el paso de Neptuno (su planeta regente) a otro signo, Piscis, sigue alli, para marcar el camino a los que vienen. El suyo es el signo que debe siempre, tener un buen ilustrado *Kama Sutra* en casa. Porque así puede seguir investigando, pensando, soñando en lo que podría hacer, pudo haber hecho, y pronto hará.

Enganchados: El sueño de cada noche de verano para Piscis. "Los dos orgasmos ocurren juntos, y el placer llega al mismo tiempo al hombre y a la mujer", palabras del Jardín Perfumado. El sendero de las posiciones del *Kama Sutra* conforta al brindar la sensación de fuerza, equilibrio o el intercambio del pulso, uno contra otro, sin prisas, entrelazados, habilitados para darse caricias, besarse y pasar el tiempo sin contar el tiempo.

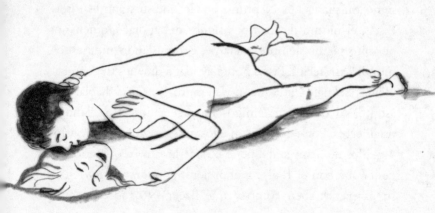

Piscis ejercita los músculos del cerebro y convierte a la mente en algo orgásmico. Una conspiración entre las señales sensoriales, psicológicas y el deseo. En realidad no es simplemente deseo, es mucho más. El deseo masculino y el deseo femenino, dos cosas tan diferentes como el deseo de Venus y el de Marte. Seas heterosexual u homosexual, da lo mismo. Y en el recomendado libro *La ciencia del orgasmo* la sexóloga Beverly Whipple y el endorinólogo Carlos Beber Flores del laboratorio de Tlaxcala, México, describen el orgasmo de la siguiente manera: "La máxima exitación generada por una suma gradual de respuestas de los receptores sensoriales del cuerpo, combinado con un complejo cognitivo de fuerzas emotivas." Piscis podría convertir estas palabras en canción. Porque así le tocó vivir.

Un orgasmo es una explosión de impulsos de nervios que viajan a unos 156 kilómetros por hora, llega a un lugar específico dentro de nuestro cerebro y ¡qué feliz nos hace!

El orgasmo tiene planeta regidor, y por lo tanto, tiene signo. Su planeta es Neptuno por lo que su signo es Piscis. Piscis, el último de los doce signos del zodiaco, quien nos permite seguir siempre adelante, conquistando momentos, mundos, misterios. Piscis podrá ayudar a quienes tienen problemas sexuales, aunque no siempre les gusta hablar del asunto, salvo con sus amigos muy cercanos o sus amores predilectos. Por ejemplo, son ellos quienes saben explicar los 4 grados de firmeza del pene o hacerle saber a quien lo necesita que con el 1, el 2 y el 3, siempre podrán tener feliz a su pareja, si saben cómo y qué hacer. No todo es como lo pintan, decía el abuelo feliz, quien a sus 92 años enamoró y casóse con la cuarta mujer de sus sueños de 87 años. Y sí, vivieron felices, hacían el amor y ambos eran de signo Piscis.

Tu astro sutra

Repetirle al objeto de tu deseo lo que sientes, lo que quieres, lo que deseas y lo que sueñas, enaltecerá el hecho. Debes buscar los puntos clave y sensuales de tu cuerpo y el de tu pareja. Por suerte para Piscis, lo que busca, definitivamente lo encuentra. Nunca olvides el beso o la caricia después de que todo haya terminado. Con eso, volverás a comenzar recordando que eso es algo que Piscis domina. Está en tu naturaleza astrológica.

Piscis en pareja

Piscis selecciona a Aries

Todas las cosas del mundo

Entrar por la puerta grande es lo que pueden esperar ambos, porque mucho tiene que ver con reacomodar el destino. Los dos signos que menos se parecen son Piscis y Aries, aunque fuesen gemelos. Acoplarse y gozar es posible, porque Piscis ha conquistado su mundo y sabe llegar lejos, esperando aún más de la vida. Piscis con Aries busca el éxito total para comprobar "algo". Y ese "algo" bien vale la pena. Piscis tendrá que comprobar que vale, y tiene que aprender a controlarse, y Piscis es quien debe seguir insistiendo hasta sentir que "ya entendió o ya lo logró". Estando en brazos de Aries no es cosa fácil para Piscis. Marte y Neptuno son los planetas regentes de ambos signos. Neptuno mide siete veces lo que mide Marte, pero cuando se ponen de acuerdo, el premio es un dulce alivio.

> Piscis siempre tiene que lidear con Neptuno y sus sueños, y cuando no se hacen realidad esos sueños, puede desesperarse. Pero ¿quién entiende los sueños de Piscis? Sólo Piscis, a quien debemos agradecer el habernos permitido vislumbrarnos.

Piscis toma a Tauro

Dijo Arrabal: "Si no es erótico, no tiene interés"

Dos signos que quieren pertenecerse y pueden llegar al éxtasis total. Excelente cosa si no creen que esto podrá repetirse *ad infinitummmmmmm...* difícil cosa. Tauro, por lo general, no es personaje de sentimientos casuales y Piscis bien puede serlo. Piscis impresiona a Tauro cada vez más, y cree (Piscis) que el juego está ganado. Y luego, durante muchos días, meses o años, Piscis cree que todo volverá a ser como antes pero nunca lo es. El personaje Piscis que haya determinado *hacer el amor* con Tauro debe aprender con conciencia que las cosas que se ganan a pulso no siempre son las mejores, pero que él o ella, siendo Piscis, siempre podrá encontrar otra cosa o algo mejor, si así lo desea. Y si no, NO, como le dijeron los aragoneses al recibir nuevo rey. "Nosotros que valemos tanto como vos, te aceptamos como rey, siempre y cuando preservarais nuestras leyes y nuestras libertades… y si no, NO". ¿Habrán sido todos pisceanos?

Piscis posee a Géminis
Curiosidad endémica

Sin pretender demostrar que este pequeño manual es la última palabra, o que tiene que ser tomado con seriedad absoluta, me atrevo a observar que de todas las 144 posibles combinaciones entre un ser astral con otro cósmico, la sexualidad de ustedes (Piscis y Géminis) está predispuesta a la infidelidad. ¡Vaya regalo para Géminis! (Noten que a la inversa cambian las cosas, es decir, si Géminis escoge a Piscis.) Este Piscis, tú, está a la eterna búsqueda de saciar tu curiosidad. Y bien sabido es que la curiosidad mató al gato, aunque en este preciso caso, la curiosidad podría ser la metáfora que terminó con el cuento. Piscis busca hasta donde puede llegar, y no pasa nada. Luego Piscis se convierte en dos personajes, el de la superficie y el de las profundidades. En cuanto uno se manifiesta, el otro quiere también tirar sus dados. ¿Será todo un simple juego? Necesitará Piscis encontrar pareja Géminis sumadamente comprensiva para que la complicación pisceana se convierta en algo de fino gusto y placentero.

Piscis se inflama con Cáncer
Abandonarse al éxtasis también es divertido

Dicen que Piscis es animal nocturno. Cáncer se rige por la Luna. Por lo tanto, cuando Piscis se entrega en amores con

Cáncer, no solamente está en busca de sí mismo, sino que lo encuentra. Cuidado, puede, desde ese momento tratar de ser el Xipe Topec de su pareja, en lugar de ser simplemente el ser único del objeto de sus deseos, y en lugar de gozar con él o ella como la naturaleza manda, es capaz de acabar comiéndoselo vivo. Claro que si es a lamidas puede ser delicioso, y si logra Piscis encontrar a la reina de sus noches, habrá pocos que puedan superar las delicias del placer que entre ellos surge. Piscis, si éste es tu caso, no dejes de escribirle o dibujarle páginas eternas de amor. Es más, no dejes de escribirle a todos tus amores porque tus palabras inspiran a veces más que tu misma persona. No pedir perdón es tu gran lección en ambos casos. Porque, por si no lo sabías, la curiosidad mató al gato, pero la satisfacción lo revivió.

Piscis se apasiona con Leo

Posibilidades ligadas

Esta es una relación que tiene como base el trabajo. A alguno de los dos le costó muchísimo más trabajo que al otro, y si no fue así la primera vez que se juntan, (por sincronías mágicas) posiblemente lo sea luego. Piscis, mientras más trabajo te cueste convencer, mejor te mostrarás y más gozarás. Puede ser que te encuentres tan inmiscuido en la conquista que se te olvide la magnífica posibilidad del resultado final (a Leo no le gusta pasar desapercibido) y esto puede inclusive afectar tu propia salud. Es importante tener un cuidado especial con tu sistema nervioso para que no divagues o pierdas contacto con todo lo que creías necesitar para ponerte de acuerdo con tu propio erotismo. Interesante cosa. Y, si nunca has usado un dildo, podría funcionar.

Piscis escoge a Virgo
Adaptabilidad bajo todos aspectos y formas

Piscis puede escoger a Virgo porque la memoria colectiva del signo propio (Piscis) está entrelazada con la relación que tenía Virgo hace miles de años (seis mil años por lo menos) con Nabu/Nebo, escribano divino del destino fortuito, y este pisciano quiere escucharlo de nuevo. ¿Serás uno de los escogidos? Puede ser. Entre ustedes existe un número mágico, pues es la única de las 144 posibilidades aquí explicadas que tiene un número que podrá relacionarse con el bienestar sexual. Ochenta y ocho. No sabemos si 88 segundos, días, amores o favores. Copulando verán, porque también podría ser 188 veces. La percepción que tiene Piscis al imaginarse con otra persona frecuentemente es la correcta. Sigue, pues, tu intuición y tómala o déjalo. Virgo con facilidad puede contemporarizarte. Larga palabra para el corto tiempo que dura el clímax.

Piscis opta por Libra
Un peregrinaje que puede ser divino

Cuidado con no confundir la palabra *cooperar* con *competir* o *compartir*. Tú, Piscis, tienes el tino y la capacidad, pero te encanta complicarte la vida cuando crees que has encontrado el amor de tu vida, el amor simplemente o hasta un momento placentero de esos que llaman amor. La palabra *divino* significa "perteneciente a Dios". Pero cuidado, porque también lo divino puede necesitar meditación o significar algún tipo de perfección. ¿Y has pensado, Piscis, como sería hacer el amor a la perfección? Perfecto o divinamente. Mejor considéralo un encuentro inspirado. Y deja que Libra (quien frecuentemente busca una perfección inalcanzable) te convenza de que es tu verdadera o verdadero media naranja. Podría serlo o no, pero lo cierto es que tienes el don de dar muchísimo amor en el momento adecuado. El tiempo no cuenta, algo excelente, pero menos para los que están contigo. Así eres. Utiliza tus dones y gózalos. Y sobre todo, no huyas por no atreverte.

Piscis prefiere a Escorpio

Todo lo que quiero es amor

Piscis y Escorpio hacen el amor con la mirada, y luego, no se arreglan. Es que ambos quisieran comprender cada suspiro de amor, cada movimiento, cada gracia y toda puesta en escena de su pareja. Difícil es, para Escorpio, entender a Piscis, por ser ambos los signos más ensimismados de todos. Ahhh, pero ahhhhhhhh… también ambos son del elemento agua: la emoción y la susceptibilidad son el rey y la reina de sus encuentros. La satisfacción para ambos es algo que debe ser discutido si es que no aparece cuando debe. Piscis, al sentir que satisface, produce un gran conocimiento de sí, algo que en otras situaciones le hace falta. Y, curiosamente, entre ambos un poco de magia puede ser de mucha ayuda, así como las creencias, situaciones, lugares y costumbres de países lejanos, tanto de la Isla de Pascua como de los Hui-choles, dándole la vuelta al mundo por doquier.

Piscis agita a Sagitario
El narcisimo puede ser buena cosa, o cosa buena

Sagitario, en principio, le asienta bien a Piscis. Lo que Piscis imagina bello, sensual, de boca antojadiza y con buen olor, encaja bien cuando mira a Sagitario. Y si escogió Piscis a Sagitario para un buen revolcón en la cama, ten en cuenta la frase de H. Ellis: "El placer sexual, utilizado con sabiduría —sin abusar de él—, puede ser confirmado como el estímulo liberador de nuestras actividades más finas y exaltadas". Esta frase la puedes digerir, consultar, emplear y llevar como una segunda piel. La razón es que tú eres quien manda en tus relaciones sexuales, o mejor dicho, tú eres quien *debe* mandar. Ten esto presente para que tu vida sexual funcione con toda la gracia, el garbo y el placer que mereces.

Los delfines y los humanos son las únicas especies que tienen sexo por puro placer. En ambos casos, el macho no puede saber cuándo ovula la mujer o si es fértil. Una especie de chimpancé llamado bonobo aparentemente también tiene este don. Esto es algo que nos hace bastante excepcionales en el gran mundo de los seres vivos sobre nuestro planeta.

Piscis erotiza a Capricornio

Todo lo que tengo que dar...

Esta es una combinación que apunta a la fidelidad, ante todo a sí mismo. La fidelidad en su medida abstracta, que tiene que ver con ser atento y cumplir con el deber hacia quien respetas. Entre humanos, la fidelidad puede ser regulada llamándola monogamia sexual; sin contar la masturbación. Debemos enfatizar en cada párrafo que el hecho de que tal o cual signo escoja a otro tiene, según la antigua historia cósmica del hindú Rajamanikam, gran importancia para la autodeterminación del destino de cada quien. El astrólogo, cuyo padre y cuyo abuelo habían dedicado sus vidas a la astrología, aseguraba que la primera vez que una persona hacía el amor con otra liberaba su verdadero "yo" y ese ser ayudaba al buen vivir. Aseguraban, además, que nada, y ninguna relación era algo meramente casual. Ni siquiera cuando se paga por hacer el amor. Forma parte (creían) de una veta de sincronía con el destino propio. Combinados ustedes, Piscis y Capricornio, pueden discutirlo, puesto que aquí Piscis busca lealtad y apego, dos de las cualidades de Capricornio. Ojalá. O como dicen los árabes: *Inchalá*.

Piscis seduce a Acuario

Sueños proféticos

Pide, y lo tendrás. Y no es algo que solamente Piscis quiere, puesto que todos seríamos inmensamente felices si se nos concediera una cuarta parte de lo que soñamos. Acuario puede inspirar a Piscis haciéndole sentir la necesidad de una gran nostalgia para poder lograr su propia libertad. Libertad para decir, hacer, tocar, manosear, besar o chupar lo que desee (Piscis), aunque Piscis divaga cuando de libertad se trata. Esto se hace algo enredado, porque Piscis necesita al *otro*, a su pareja, para saber cómo aparearse con ella, su libertad soñada. Urano, regente de Acuario, es el planeta que reparte lo auténticamente individualista, además de propiciar que Acuario sea el signo más esotérico de los doce. Piscis, con Acuario, puede lograr liberarse y olvidar sus pesadillas. El profeta de esta unión es alguien como Foucault o Freud.

Piscis con Piscis, ante su propio espejo

¿Incitación a ser o a hacer?

En latín antiguo, se dice: *Est Deus in nobis.* Hay un Dios en cada uno de nosotros. Para Piscis con Piscis esto significa que lo divino mío, saluda a lo divino tuyo. San Agustín (354–430 d.C) dijo: "Señor, hazme casto, pero todavía no". Y esto podría resumir el meollo de Piscis ante el amor, hacer el amor y amar. Para Piscis, todo se mezcla y frecuentemente las tres cosas van de la mano, y habiendo tenido una sola pareja durante toda la vida o una multiplicada por diez al cubo (10 a la tercera potencia), su búsqueda es casi la misma. Se encuentra mientras goza para dar el placer que sabe merece la persona que tiene abrazada. Por lo menos, así comienza si es Piscis razonable. Después, las cosas se complican porque el planeta que rige a Piscis es Neptuno, y entre las palabras clave de Neptuno está la de *sacrificio.* Toma energía para sacrificar la suya, pero al mismo tiempo pide sacrificio para entender lo que Piscis debe dar. A veces, esto resulta en que Piscis vive un sueño sin tener que excluir la realidad.

Piscis escoge a Piscis de cierta manera como lo que todos siempre hemos querido tener sin poderlo definir, y este Piscis (tú, por ejemplo) escogió su otro yo para penetrar o ser penetrado y así alguien lo comprende. Piscis se comprende. Y entre todos, volvemos a comenzar gracias a su esfuerzo.

Parejas famosas

Jorge Ramos en su tesis para titularse en la Universidad Iberoamericana de la Ciudad de México, incluyó la palabra "mujer". Buen indicio para imaginarnos que, como buen Piscis, recorre el cuerpo de su pareja y tiene que darle tanto placer como sabe gastar, gozar y hasta saborear. Complacerse pues, es lo que seguramente sabe hacer Javier Bardem (me lo imagino más ocurrente) pero para eso tendríamos que saber su horóscopo completo o verlo en toda su bella desnudez. Penélope Cruz, su pareja actual, seguramente sabrá disfrutarlo (verbo que le queda bien a todo Tauro). Por otro lado, Jessica Biel (Piscis) parece haber enganchado bien con su Justin Timberlake (Acuario). Desde que se acuestan juntos, ella tiene la mirada perdida de placer. Ah, Piscis, podrías convertirte en una cachonda sabionda, y hacer feliz a quien te plazca.

flores y aromas para deleitarse

Todo signo lleva aunque sea una flor o un aroma que los vuelve locos, que los hace querer enredarse en la pasión de una noche, de una semana, de una vida. Disfruten de la belleza, de los colores, de los aromas, de la vida. Nada como una flor o un perfume para alentar a los dioses y crear un éxtasis divino.

Flores que conquistan

Azalea para Aries.

Violeta para Tauro.

Lavanda para Géminis.

Flores blancas para Cáncer.

Girasol para Leo.

Flores pequeñas de colores para Virgo.

Rosas rosadas o color salmón para Libra.

Rododendros para Escorpio.

Clavel para Sagitario.

Pensamiento para Capricornio.

Orquídea para Acuario.

Lirios para Piscis.

Aromas que encantan

Para Aries, aromas de madera con especies y flores frescas.

Para Tauro, fragancias florales y de vainilla.

Para Géminis, olores de otoño y orientales.

Para Cáncer, el aroma de lavanda.

Para Leo, olores de la naranja tarragonesa.

Para Virgo, todo lo que tenga menta y vetiver.

Para Libra, olores del campo y jazmín.

Para Escorpio, lo que huela a verbena.

Para Sagitario, todo olor balsámico.

Para Capricornio, olor de pino combinado con cítricos.

Para Acuario, olores de orquídeas del campo.

Para Piscis, "eau fraiche" de cualquier fragancia. Es decir, aguas frescas del manantial.

arma tu propio poema erótico

Aquí Sandro Cohen nos ofrece una variedad de palabras para jugar, mezclar, susurrar, escribir o gritar en el máximo momento de placer sexual. Úsalas para conquistar a tu próximo amor, para calentar a tu pareja, para escribir una carta sensual o simplemente para divertirte y pasarla bien. Aquí les van algunos ejemplos para emprender viaje al deleite total:

> *Tu deliciosa boca me recorre el cuerpo,*
> *ahora, así, de nuevo, suavemente…*
> *El calor de tu aliento me acaricia las caderas.*
> *Bella, tu deseo me electrifica.*

¡Qué divino, rico, delicioso! Ahora queda en tus manos, en tu pluma o al borde de tu boca. ¡A gozar!

Sustantivos

aliento	axilas	cabello
ano	boca	caderas
ansia	brazos	calor

clítoris
corona
cuerpo
culo
dedos
deseo
dientes
escroto
espasmo
excitación
ingle

labios
lengua
manos
nalgas
olor
orgasmo
panza
pechos
pelo
pene
pezones

piernas
pies
sabor
saliva
semen
susurro
tallo
testículos
uñas
vagina
vello

Verbos

abres
acaricias
aceptas
aprietas
arremetes
aspiras
besas
brillas
callas
cierras
comes
cubres
chupas
electrificas
embistes
empujas

excitas
eyaculas
frotas
gritas
lames
lubricas
metes
mojas
mordisqueas
muerdes
oprimes
pegas
pellizcas
penetras
picas
presionas

pujas
recorres
respiras
rozas
sacas
salivas
sientes
sudas
susurras
te acurrucas
te nublas
tocas
tomas
tragas
tuerces
unes

Adjetivos

bella
bello
cálida
cálido
caliente

deliciosa
delicioso
dulce
dura
duro

electrizante
espesa
espeso
estrecho
estrecha

fuerte	mojada	salado
hermosa	mojado	suave
hermoso	resbalosa	tibia
húmedo	resbaloso	tibio
maravillosa	rica	
maravilloso	rico	

Adverbios

abajo	despacio	otra vez
ahora	fuerte	poco a poco
arriba	lento	rápido
así	más	sí
de nuevo	mucho	suavemente

Preposiciones

a	dentro	hacia
bajo	en	junto
con	encima	sobre
contra	entre	

Interjecciones

ah	ay	oh
ajá	eso	por favor

bibiliografía

Aquí les dejo una lista de libros que utilicé para escribir este, así como algunos que quisiera recomendarles si les interesa investigar más sobre este tema. Espero que los disfruten.

Asimov, Isaac. *The Book of Facts 2*. Great Britain: Coronet Books, 1981.

Bhasin, J.N. *Astro Sutras*. New Delhi: Sagar Publications, 1982.

Blackburn, Simon. *Oxford Dictionary of Philosophy*. New York: Oxford University Press, 1994.

Carriere, Jean Claude. *La Premiere Fois*.

Deleuze, Gilles. *Spinoza, Practical Philosophy*. San Francisco: City Lights Publishers, 2001

Edinger, Edgard F. *Ego and Archetype*. Boston: Shambhala, 1972.

Foucault, Michel. *Historia de la sexualidad*. Mexico: Siglo XXI, 1991.

Fromm Eric. *El amor a la vida*. Buenos Aires: Ediciones Paidós, 1993.

Fromm, Eric. *The Art of Loving*. New York: HarperCollins Publishers, 1956.

Goldberg, B.Z. *The Sacred Fire*. New York: Grove Press / Black Cat, 1962.

Hodgson, Charles. *Carnal Knowledge*. New York: St. Martin's Press, 2007.

Khayyam, Omar. *Rubaiyat*. (versión de Eduardo Hay, prólogo de José Gorostiza.) Mexico: Howard Karno Books, 1938.

Lecompte, Edward. *Milton and Sex*. New York: Columbia University Press, 1978.

Margolis, Johnathan. *The Intimate History of the Orgasm*. London: Century, 2004.

Ornish, Dean. *Love and Survival*. New York: HarperCollins Publishers, 1998.

Otte, Jean-Pierre. *La sexualité d'un plateau de fruits de mer*. Paris: Editions Julliard, 2000.

Quammen, David. *Natural Acts*. New York: Laurel, 1982.

Rheingold, Howard. *They Have a Word for It*. New York: Jeremy P. Tarcher, Inc., 1988

Roche, Max. *The Foods of Love*. New York: Arcade Publishing, 1991.

Schulman, Martin. *The Astrology of Sexuality*. Maine: Weiser, 1982.

Sudhir Kakar&W. Doniger. *Kamasutra*. New York: Oxford University Press, 2002.

Tannahill, Reay. *Sex in History*. New York: Stein and Day, 1980

Valeria, Andrea. *Los astros, las estrellas y tu destino*. Mexico D.F.: Ediciones Colibrí, 1999.

Valeria, Andrea. *Cotidianamente tuya*. Mexico D.F.: Promexa, 1993.

Valeria, Andrea. *A Little More Love*. Mexico D.F.: Planeta, 2005.

Van Stone, J. Henry. *A Study in Zodiacal Symbology*. California: Symbols & Signs, 1912.

Vatsyayana. *Kama Sutra*. Illustrated Edition, translated by Richard Burton. (ebook).

Wallace, Robert A. *How They Do It*. New York: Morrow, 1980.